この犬から人生の大切なことは全て学んでいる

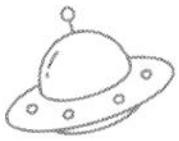

パパは在地球宇宙人

萩原 孝一

青林堂

プロローグ

ペットと生活をともにするにあたって、飼い主が心せねばならないことが2つあります。

1. ペットは家族同然ではあるが家族ではない、「仔」ではあるが「子」ではない。

2. ペットを看取る覚悟を常に持っている。

ラナと出会う前は、散歩中に犬に話しかけている飼い主を見て呆れていました。「クッキーちゃん、今日はお友達と会えなくて寂しいねぇ」と犬に語りかけているおばさんの顔をまじまじと眺めながら、笑っていたものです。

「親バカっているんだなぁ〜」

そんな私がラナを迎え入れると事態は一変しました。まあ、絵に描いたような見事な「親バカ」に成り下がったのです。毎日話しかけることが習慣となり、そのうちにこの犬とコミュニケーションがとれると思うようになりました。全てはバカ親の錯覚と思われても仕方ありませんが、ペットとの非言語による対話は科学的にも可能と証明されています。

有名なメラビアンの法則によれば、コミュニケーションにおける話の内容などの言語情報が7％、口調や話の速さなどの聴覚情報が38％、見た目などの視覚情報が55％という割合だということです。そうであれば、犬とのコミュニケーションは全く可能だし、その犬がいろいろと教えてくれるのであれば、飼い主にとって犬が師匠となっても別に不思議なことではありません。

事実、私はラナから沢山のことを学びました。毎日どのように振る舞えば、人生がずっと愉しくなるのか？　常識の枠に囚われず自由奔放に生きるには？　極め付きは「愛に生きれば全てＯＫ！」という生き方の基本中の基本を、その生き様を通して教えてもらったことです。

処女作『スピリチュアル系国連職員、吼える！』（たま出版）でもご紹介しましたが、今から25年ほど前、私の元に不思議な「声」が現れるという体験をしました。「声」との付き合いは半年間という期間限定でしたが、私がコペルニクス的大変身を遂げるきっかけとなりました。

「声」の最大の教えは「人生に目的などなくともよい。もしあるとすれば、それは愉しむことである」です。「愉しむ」は私の人生最大のテーマでありルールです。「声」が去ってしまって約5年、思いもよらない形で、その主と思われる存在と再会を果たすこととなりました。それが犬だとは笑ってしまいますよね。

ラナを最初に見つけたのはカミさんです。インターネットに載っていた写真を一目見てピンときたそうです。実物に会うことなくペットを決めてしまうのは勧められない行為ですが、カミさんの「勘」については全幅の信頼を寄せています。私の人生の中で重要な役割を果たしてくれています。

あまり大きな声では言えないのですが、カミさんは金星から来たらしいのです。私は多分土着の地球人でしょうから、どうしてこの2人が夫婦でいるのかいつも不思議に思っています。子供がいないことには大きな意味があるはずです。

出会いはありふれていますが、ラナは我々夫婦を「飼い主」として選んできたことは確かです。「選ばれた」と思わざるを得ないことが次から次へと起こりました。結局、ラナはその生涯を通じて私の最高のメンターを演じてくれたのです。

今から5年前、ラナはその13年半の愛に溢れた生涯を静かに閉じました。ペットは死ぬと虹の橋のたもとで、飼い主が来るのを待っていると言われていますが、ラナの場合はちょっと違います。ラナはこの世での生前よりも没後の方がはるかに忙しい毎日を送っています。

ラナはお宇宙《そら》にいて宇宙の法則に従って、私に重要なメッセージを送り続けているのです。私が照れながらも宣言している「宇宙平安」への礎と「秘策」を次から次へと送ってきます。

のんびり屋の私を駆り立てるように、時として激しいメッセージが怒涛のように押し寄せて来ます。

それほど、人類は危ない状況にあるということのようです。

死んだ犬とのコミュニケーションなんてあるはずがないと思われても仕方ありません。「見えない世界」全否定の方にとっては、気持ちの悪い世界ですよね。

でも私は残りの生涯、この犬からの伝言に抗うことなく、素直に受け入れ実行に移すことを決めています。頭がおかしいことは間違いありませんが、気は確かです。宇宙のメッセージを正確に受け取るためには、私自身が心身とも普通ではないことが肝心です。次元を超えた変態になれるかどうかで私の存在意義が決まります。

後どれだけ生きられるか分かりませんが、私の残りの人生が少しでも平安な世の中作りのきっかけとなるよう一生懸命尽くします。

私にあなたの貴重な2時間を下さい。そして私が何をこの犬から学び、変態人間へと変貌を遂げた経緯と、今後に期することをお話させて下さい。

途中で、愛犬の思い出話が自己啓発やスピリチュアルを超えていきなり「宇宙平安」にワープいたしますので、とりあえず驚いて下さいね。

ラナに関するエピソードは全てノンフィクションですが、途中からフィクションの世界が絡んでくるので、多少読み難い箇所が出てくるかも知れません。ご容赦下さい。

なお、拙著ではなるべく「平安」という言葉を使うようにいたします。「平和」はその裏にある「戦争」に意識がどうしても向かいがちですから。「世界平安」「宇宙平安」を多用いたしますが、文脈上「平和」という言葉との併用をお許し頂ければ幸いです。

それでは、また後ほど。

目次

第0章

ラナちゃんの10ヶ条

一

ラナちゃんの好きなものはラナちゃんのもの
ラナちゃんが最初に見つけたものはラナちゃんのもの
ラナちゃんがくわえたものはラナちゃんのもの
ラナちゃんが取り上げたものはラナちゃんのもの
ラナちゃんがそれを嫌いになったらあなたのもの
でもまた好きになったらラナちゃんのもの
ラナちゃんのことが好きな人も嫌いな人も全部ラナちゃんのお友達

二

ラナちゃんは太っていません
子ブタさんとは違います
こういう体型を受け入れて下さい
ダイエットは期待しないで欲しいです
食べ過ぎの傾向がありますので、健康管理をお願いします

三　フレンチブルドッグは他の犬に比べると短命です
毎日リンパマッサージをお願いします
病院代がかかることを覚悟してください

四　ラナちゃんの歯は思いの外頑丈です
時々間違って噛むかも知れません
悪意はありません
オモチャは全部こわすでしょう

五　ラナちゃんはめったに吠えません
吠える時は何かのサインです
お散歩したい、オシッコしたい、おやつが欲しいのどれかです

六　ラナちゃんは由緒正しい血統ですので気位は高いです

多少のわがままは目をつぶって下さい
気分がイイ時は言うことを聞くかも知れません

七

お散歩はラナちゃんの命です
魂を込めて、手抜きはしないようお願いします
ウンチは平均2回、オシッコは7回します
飼い主としてその適切な処理を怠りなきよう
お散歩コースはラナちゃんにお任せすること

八

ラナちゃんは人が大好きです
誰にでもペロペロします
ＩＱより愛嬌です
やきもちは焼かないで下さい

九

ラナちゃんは寂しがり屋です
なるべく1人ぼっちにしないで下さい
どこにでも連れて行って下さい
イイ子にしますから
毎晩くっつきくっつきして寝て下さい

十

ラナちゃんがお宇宙《そら》に帰っても虹の橋のたもとで待っていることを
忘れないで下さい
ラナちゃんの体はなくなっても、魂は死にません
だから泣かないで下さい
いつも一緒にいます
急いでこちらの世界に来てはいけません

第1章

宇宙犬ラナ、地球に途中下船

ラナがやってきた

その犬が我が家にやってきたのは、２００４年12月24日のことです。犬の名前はラナ。フレンチブルドッグ（以下フレブルとする）の女の子です。誕生日は、ちょうど２ヶ月前の10月24日。奇しくも10月24日は国連デーです。終戦の年（１９４５年）のその日、国際連合が誕生しました。私は国連に27年間在籍し、２０１２年に定年退職しています。

ラナという名前は、京都のブリーダーさんが命名しました。60年代のアメリカンポップスに『Ｌａｎａ』（日本名：愛しのラナ）というヒット曲がありました。私の思い出の１曲でもあったので、その名前はすぐに気に入りました。

そのラナが……よりによってクリスマスイブにやってくるとは……。

１９８３年12月24日は私にとって忘れたくても忘れられない、人生の中で最も忌まわしい日です……でした。ちょうど40年前のことです。

その５ヶ月前、私はＪＩＣＡ（当時の国際協力事業団、現在の国際協力機構）からケニアの地方都市ニエリに中小企業育成専門家として派遣されました。同時にそれはカミさんと私の新婚生活の始まりでもありました。そして、その直後にカミさんの妊娠が発覚したのです。

カミさんはその年の初めに切迫流産を経験していたので、ケニアの片田舎でのお産には不安がありました。日本帰国について語り合いましたが、最後はカミさんの強い希望でケニアに残ることとなりました。その後、つわりにはだいぶ苦しみましたが、まずは順調に５ヶ月目の安定期を迎えたのです。

ところが、12月23日に突如大量出血を起こし、そのまま地元の病院に運ばれてしまいました。応急措置はとったものの、やはりナイロビの大病院に送ることがベストという担当医の意見に従うこととしました。元々出産はナイロビを予定していました。

ニエリからナイロビまでは約180キロメートルあり、車では2時間半ほどかかります。私は一旦自宅に戻りナイロビに行く準備を終え仮眠を取りました。そして翌朝6時にカミさんを迎えに行きました。

病室に着くとただならぬ様子が広がっていました。その時たまたま医者も看護師も席を外していて、カミさんの真っ青な顔と真っ赤な眼だけが視界に飛び込んできました。

「どうした？」

「あなた、ごめんなさい。ダメだったの」

それだけで、何が起きてしまったのか察しがつきました。

その前日、私が病院を去ってしばらくすると再び大量出血が始まり、手が尽くされましたが死産という結果になりました。病院は何度も私に知らせるべく電話をかけたのですが、折からの大嵐のため回線が不通となり、結局私に事情を伝えることなくカミさんは処置室に送られてしまったのです。

カミさんが、絞り出すような声で状況を話し終えた途端、苦しみ始めました。私は大声で医者や看護師を呼んでみましたが、誰も駆けつける気配がありません。その間にも大量の血が流れ出ています。私は思わずそばにあったガーゼを掴み、カミさんの股間に当てました。素人なりに必死に止血を試みました。それでも血はどくどくと流れ続けます。胎児が流れるとはこういうことか……。

このままではカミさんが出血死してしまうのではないかという恐怖が襲ってきました。恐らく人生でたった1度だけ神様に「お願い」をしたのがこの時です。

「神様、お助け下さい。他には何にも要りませんから、どうぞカミさんの命を救って下さい」

手を股間に押し付けたまま必死に祈りました。懸命にお願いしました。それしかできなかったのです。それまでこれほどの無力感に支配された記憶がありません。この時の私は、世界一不運な亭主だったと思います。

ところが、その時の「神様」の反応はトンデモナイものでした。私のその後の生き方に決定的な打撃を与えた一言です。

「体験せよ！」

ええ～っ、神様ってこんな時にも助けてくれないんだ！　神様はこちらの都合では動いてくれないんだ！

「チキショウ！　ならば俺の力で血を止めてやる！」私の手にさらに力が入ったのは言うまでもありません。気合いだ～！

これほどまでに深刻な事態にも関わらず、この時の私の姿をズームアウトして見ると、何故か滑稽《こっけい》さが見え隠れするのです。最悪の事態すら愉しんでいるように見えてしまうのは、１つの才能と言えないこともないとずっと後になって気がつきました。

幸いカミさんの身の上に重篤《じゅうとく》なことは起こりませんでしたが、夫婦の間に待望の子供が授からなかったという「悲しい」結末が残りました。しかもこの直後、私は亭主としてありえない言葉をカミさんに吐いてしまったのです。

「せっかく安定期まで入ったのに、なんでもっと頑張らなかったんだ？」

これはいくらなんでも酷過ぎます。如何に気が動転したからといって、最低最悪でした。取り返しがつきません。自暴自棄も甚だしいです。

今年で結婚生活は40年に及びます。その間に亭主として数々の失言はありましたが、この一言はカミさんの私に対する信頼を一気に失墜させてしまったかも知れません。

正直に言うと、長年連れ添った今も夫婦間に介在する微妙な「ズレ」はこの一言が発端ではないかと思っています。よく40年も夫婦として持ったものです。

実は、もう１つ後悔していることがあります。このことはカミさんにも誰にも話したことがありません。もう全部言っちゃいます。

その病院はクリスチャン系で看護師さんの何人かはシスターでした。師長さんも白

人のシスターで、失意の私を優しく慰めてくれました。最後に
「ご遺体をご覧になりますか?」と尋ねてくれました。

私は即答で
「Ｎｏ」と答えてしまいました。日の目を見ることもなく死んでしまった胎児に会う勇気がありませんでした。その姿は一生私に付きまとうであろうことも嫌でした。親としては酷い仕打ちです。

カミさんのお腹の中で、数ヶ月も生き続けてくれた我が子に「ありがとう」の一言もなかったことを悔いています。せめて手を合わせるぐらいの冷静さと優しさがこの時の私になかったことが痛恨の思いとして残っています。病院が懇《ねんご》ろに弔ってくれたことを願うばかりです。

できることなら、この1日だけは私の人生の中から抹消して欲しいです。この日以来毎年のクリスマスを無邪気に愉しむことはありませんでした。

よりによって、クリスマスイブに生後2ヶ月のラナが我が家にやってきたのです。

ラナとカミさんと私

京都から新幹線に乗せられての上京でした。

ラナを一目見た瞬間、私の中に衝撃が走りました。それはケニアで水子となってしまった胎児の姿形にそっくりだったのです。ナイロビの病院で胎児の写真が撮られていたのです。

胎児も女の子でした。私は女の子が生まれたら、名前には「羅《ラ》」の字を入れるつもりでした。第1候補は「沙羅」だったような。私はしばらくその遺影をパスポート入れに忍ばせ、御守り代わりにしていました。後にそのことを知ったカミさんは「それではこの子が往生できない」と私に無断で写真を燃やしてしまいました。

私が受けた衝撃のことはカミさんには黙っていました。ラナが死んだ直後に、いつかラナのことを書くつもりだと話した時、カミさんにも全く同じ驚きがあって、もしかしたら、ラナは水子の生まれ変わりだったかも、と言われびっくりしました。

ラナと出会い、生活をともにしたことに、どうしてもスピリチュアルな意味合いを見出そうとしてしまいました。

ラナ京都に戻される

そんなラナなのですが、我が家に入居直後から困ったことが起こりました。フレブルの飼い方という教則本に従って、夜はゲージに入れて寝かせたところ、激しい夜泣きが始まったのです。半端ない泣き方でした。しかも夜中に何度もオシッコを繰り返すのです。そのためカミさんも私も寝不足気味となり、さらにマンションの住人たちに気兼ねしたりで、２人ともかなりぐったりとなりました。

１ヶ月半経ったところで、ついに限界に達しました。これ以上一緒に生活するのは無理との悲しい結論に至りました。２００5年2月初めのことです。京都のブリーダーさんに相談したところ快く了承して頂き、生まれ故郷に戻ることになりました。

小さな事件はその直後に起こりました。カミさんが書いた担当者の携帯番号と飛行機便名のメモをラナがかじってしまったのです。文字部分はくちゃくちゃとなり判読不明となりました。これには苦笑いしかありません。

別れの日、意を決したカミさんと私は羽田飛行場へと車を走らせました。当時はまだ、呼吸器系が弱いブルドッグなどの犬種が飛行機に乗れた時代です。ところが、羽田で貨物扱いとしてチェックインを果たすと、急にラナの具合が悪くなりました。羽田への車中でもいつもの元気がありませんでした。飛行場に着くと、息遣いも荒くなり、グッタリとした症状となりました。明らかに体に変調をきたしている様子でした。先方に事情を伝え、やむなくその日の京都帰りは取り止めとなりました。ところが、自宅に着くや否や、何事もなかったようにケロッとしているではありませんか。がぶがぶと水なんか飲んで、家中を走り回りました。どうやら事情を察し仮病を使ったみたいです。厄介な仔です。

お主、なかなかの役者やの〜。

それでも残念ながら夜泣きは治まりません。やっぱりお手上げです。1週間後、再び羽田飛行場に向かいました。家を出る時、お尻を上げ、手を擦る姿を見せました。

まるで「行きたくないよ〜！」と訴えかけているようでした。ゲージに入れるとうらめしげにこちらを見つめています。

飛行場に着くと今回はさすがに覚悟を決めたようで、おとなしく機上の犬となりました。カミさんと私の間にホッとした思い、と同時に心にぽっかりと穴があいてしまったのは言うまでもありません。

その後、私は仕事で海外出張が続いたりして気分が紛れていましたが、カミさんの方は毎日「ラナちゃんは今頃どうしているかしら？」などと忘れることができない様子でした。寝ても覚めてもラナのことが気になる生活が続きました。

２ヶ月ほど経った頃、カミさんがいきなり「私もう1度チャレンジしてみたい」と言い出しました。私は速攻で受け入れました。「よし、そうしよう」

ラナが既に誰かに引き取られていないことを祈りながら、恐る恐る京都に連絡を入れてみると、幸いラナはまだ店にいました。カミさんが電話をかけた時、ラナを店の看板犬として残すかどうか話し合っていたところでした。

良かった〜〜〜〜〜！

紆余曲折を経て、ラナは再び新幹線で上京しました。我が家に戻るとクンクンと懐かしそうに部屋中の匂いを嗅ぎまくりました。

お帰り〜〜〜、ラナちゃん。

リビングにもうゲージはありません。初めて3人で川の字になって寝てみました。すると嘘のように夜泣きがなくなりました。1人ぼっちが寂しかったのでしょうか。初めからそうすれば良かったのです。それからはずっと一緒に寝るようになりました。

ラナは変な犬

私は元々ペットを飼うという行為には疑問を持っていました。犬好き、猫好きの人たちは口々にその正当性を語りますが、人間の都合で飼われるペットたちに思いを馳せると、果たしてそれが品格に基づいたことなのかどうか……。

子供の頃あれほど昆虫や魚を飼育していたのに、歳を重ねるごとに動物園や水族館が苦手になってきたこととも関係があるようです。

並々ならぬ縁を感じたラナはフレブルという犬種で、人間が強制的に無理な交配を続けた結果出来上がったワンちゃんです。私にとってこの犬を選択したことは、贖罪という意味もあったと勝手に思っています。だからラナには自由奔放に、好き勝手に生きて欲しいと願いました。ドッグトレーニングなどは全く関心がありませんでした。

鼻がペチャンコからか元々肺機能が弱く、平均寿命も他の犬に比べ短いと言われています。元気に生きてくれれば他に何も要りませんでした。

さて、ラナちゃんです。チョット変わった犬であることはすぐに窺い知れました。まず、普通の犬なら普通にする「お手」をしないのです。お手を要求すると、ううぅ～と唸り声を上げ私の手を抑え込むのです。誰がやっても同じでした。産まれたてのころに、何か嫌なことでもあったのでしょうか。結局その生涯ただの1度もお手をしないワンちゃんとなりました。

ラナはまさに唯我独尊、自己中犬そのもの、気の強さと優しさが程良く同居していました。一緒にいて飽きることはありません。そんなラナにも天敵はすぐ現れました。多くのワンちゃん同様、掃除機には並々ならぬ敵意を示しました。作動中のプラスティックの塊に容赦なくかぶりつくのです。よく歯が折れなかったものです。

何と言っても最大の敵はアイロン台でした。これには事情があります。ある日カミさんがふざけてアイロン台の下敷きになり「ラナちゃ～ん、たすけて～！」とやってしまったのです。憎きアイロン台からカミさんを救おうとしたのでしょう。そのあまりの凶暴さにカミさんがタジタジとなりました。その日以来、アイロン台はラナの終生の敵役となり、10数年後の病院送りの前日まで、毎朝アイロン台に向かって吠えることが日課となりました。

トイレもちょっとユニークでした。お約束通り、初めはトイレ用トレーでさせていたのですが、ある時ラナがトレーの端に足を乗せた途端、トレーが空中に跳ね上がってしまったのです。子犬にしては肝が据わっていましたが、この時のラナのパニックぶりは相当なものでした。即トラウマとなりそれ以来トレーに乗らなくなりました。仕方なく、ラナのトイレはシャワールームに決定しました。最初カミさんは抵抗しましたが、ラナが余りにも気持ちよさげにトイレをするので、納得せざるを得ませんでした。

小さい方は、すぐに水洗トイレよろしくフロアを洗剤とともに洗い流します。大きい方は、行為終了とともに紙で摘んでトイレに流しました。ある時からトイレットペーパーを重ねた両手で排泄物を受けるようになりました。結局、カミさんと私はラナの生涯で約５０００回彼女のウンチを手で受けとったことになります。図らずも、これは絶好のコミュニケーション手段となりました。

まず、その量、形、色、匂いからラナの健康状態を窺い知ることができます。あの愛くるしい体からこれほど豪快なウンチが出ることに何度も驚かされました。ある意味至福の時間です。幸せの形なんてイロイロありますから。多少変態じみてはいますが、これはペットの飼い主には是非お勧めしたい習慣です。ウンチを通じて体のぬくもりを感じられるって最高ですよ。だから、「お通じ」って言うのかな。まあその後しっかりと手を洗うことはお勧めします。

ラナは無類のテレビ好きでした。テレビをつけると私に体をこすりつけるように座りじっと画面に見入ります。そこに動物、特に犬か猫が登場した時は大変でした。ものすごい勢いでスクリーンに突進するのです。その度に大きな液晶画面が揺れます。ラナの鼻型が画面いっぱいにスタンプされます。

面白いのは、ラナがアニメの動物やキャラクターにも同じように反応したことです。また動物が登場するＣＭも記憶していてそのＢＧＭがかかると、寝ていても飛び起き画面に飛びかかりました。家の中では結構ワイルドな性格を発揮していました。その

トイレに行きたいです

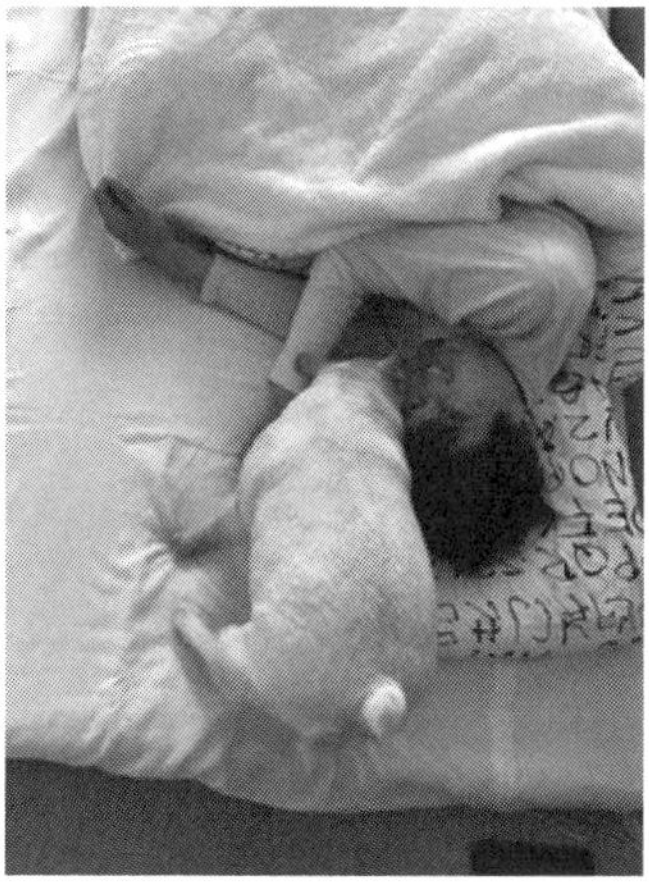
起きろ～

記憶力には何度も舌を巻いたものです。
後で語りますが、テレビに関わるラナの行為は、私の中の思い込みを打ち消すために一役買ってくれました。

寝る前には強制的にオシッコをさせました。シャワールームまでの数メートル、ラナはいつも不満気にブーブー呟きながら背中の毛を逆立てます。クリーム色の背中に黒い筋が一気に立ち上がります。何事にも分かりやすい仔でした。
夜中にも必ず１回オシッコをします。洗面所のドア前で１回吠えるか、ドアを手でガリガリするのがその合図です。その度にカミさんか私が起きてシャワールームまで同行します。

私にとってラナ以上の目覚まし時計はありませんでした。不思議なことでしたが、午前6時か7時ぴったりに起こしにくるのです。特有の体内時計を抱えているのでしょうか。始めは顔か首筋を優しくペロペロしてくるのですが、それでも起きないとなると猛然と頭をガリガリ、とどめは私の首下に頭を突っ込んですごい力で持ち上げるのです。これでは起きざるを得ません。朝の弱い私には貴重な助っ人でした。

ラナの華麗なる病歴、事件簿

お目目がチャームポイント

ラナは体躯《たいく》ががっしりしていて如何にも頑丈そうに見えました。毛艶がものすごく良く、何と言ってもその眼力は普通ではありませんでした。最後まで白内障にも罹《かか》ることなく大きなアーモンドのような瞳はチャーミングポイントでした。その割にはベビーフェイスだったので、散歩で出会った人々はラナがとうに10歳を超えていることにびっくりされました。２～３歳の頃と顔形がほとんど変わらないという珍しいワンちゃんでした。基本的には健康な仔でしたが、フレブルにとっては宿命的な病気に幾度となく罹りました。

1番大変だったのは子宮蓄膿症《しきゅうちくのうしょう》という病気です。ラナが7歳の時でした。その夜はいつものように元気に目黒川沿いの散歩を愉しんでいました。自宅に戻るとカーペットに2〜3滴褐色の液体が認められましたが、体に変調をきたしている様子ではなかったです。大事をとって翌朝病院に行くことにしました。

事態が急変したのは午前2時頃のことです。急に苦しくなったのか、匍匐《ほふく》しながらカミさんを起こして「助けて！」と訴えてきました。大急ぎで夜間営業の救急病院に車で駆けつけました。到着は午前3時を回っていました。簡易検査の結果膀胱炎《ぼうこうえん》の疑い濃厚となりましたが、精密検査を待たないと正確な病名を特定できないと知らされました。

翌朝かかりつけの病院で検査したところ、子宮蓄膿症であることが判明し、即座に手術の準備が整えられました。幸い手術は成功し、ことなきを得ました。術後に写真を見せられましたが、卵巣に血膿が溜まり、あたかも大きなフランクフルトのようでした。あんなものが時間をかけて体内に巣食っていたことに、全く気付いてやれなかったのは、飼い主として大失態です。申し訳ないことをしました。それにしてもラナの我慢強さにはほとほと感心させられます。

手術直後のお腹の傷跡には心痛むものがありましたが、驚異的な回復力を発揮し短期間のうちに跡形もなく消えてしまいました。犬の1年は人間の7～9年に相当します。だから病気が癒《い》えるのがとても早いと言われています。

子宮蓄膿症の手術は、同時に避妊手術でもありました。ラナが子供を持たないという、飼い主と同じ道を辿ることとなったのは偶然ではなかったかも知れません。

その他、皮膚アレルギー、膀胱炎、ウィルス性腸炎、結膜炎、排水腫を繰り返しました。１度目の急性肺水腫の時は本当に危なかったです。抗生物質や利尿剤を投入してもなかなか肺に溜まった水が抜けてくれません。幸いなことに、10日以上も経った後に突然薬が効き始めてくれました。担当してくれた獣医さんによれば、奇跡的な出来事だったそうです。

思い出深い事件も沢山ありました。

ある日、いつものように目黒川沿いを歩いていると、地元では有名なチーズケーキ屋さんの前にリードが柵にゆるゆると巻かれた柴犬がいました。飼い主が見当たりません。お店で買い物でもしているのでしょうか。ちょっと嫌な気はしたのですが、そのまま通り過ごそうとしました。

するとその柴犬が突然ラナめがけて突進して来たのです。気の強いラナは果敢に応戦しました。どう見ても柴犬の長い顔と鼻ぺちゃのフレブルではラナの分が悪いです。短い前足で左右のフックを繰り出しますが、全く当たりません。ちょっと笑えました。

私は2頭の間に割り込み、引き離そうとしましたが、2本のリードが足に絡まり上手くいきません。そのうちに柴犬がラナの顔をガブリ。こんな時でもラナが悲鳴を上げることはありませんでした。幸い怪我は鼻先で止まったようですが、出血量はかなりのものでした。

またまたラナの身を守れなかったという自責の念に駆られながら、ラナを抱きかかえて、近くの動物病院まで一目散に駆け込みました。

すぐに止血処置が施され薬が塗られました。柴犬の歯がラナの眼球に食い込むことがなく幸いでした。柴犬の飼い主の女性も病院まで同行し、真摯《しんし》に対応してくれました。ただ彼女の愛犬が狂犬病の注射を済ませていないことが判明し、お医者様にきつくお説教されていました。ペットを飼うということは、それなりの責任と覚悟を持たなければなりません。

ラナの散歩はほぼキャットハンティングでした。猫を見つけると一目散に駆けつけます。１度だけですが、暗がりで野良猫と格闘して猫の爪で頬が傷ついたことがあります。この時もかろうじて眼球を外れていて、お医者様は「奇跡的に外れてくれたね」と大きな独り言。飼い主への厳重注意と受け止めました。

ある闇夜の中、ラナが急にびっこを引き始めました。左の前足でした。足をひっくり返すと、なんと肉球に画鋲が突き刺さっていました。慎重に引き抜くと、幸い肉には食い込んでいなかったらしく出血もありませんでした。この間もラナは痛そうな表情1つせず、吠えることもありませんでした。終生痛みに強い仔でした。

最も強烈な思い出として残っている事件は、私がまだ現役の国連職員だった時に起こりました。ある日の午後、職場にカミさんから異変を知らせる電話が入りました。「あなた大変！　ラナちゃんがガムを喉に詰まらせて苦しそうで苦しそうで、これから病院に連れていく！」かなりの興奮状態であまり要領を得ません。

とにかくカミさんは気丈にもラナをタクシーで病院まで運びました。病院に着くと医者が慌てました。それはラナのことではなく、カミさんの右手が血で真っ赤に染まっていたからでした。「奥さん、そちらの方が大変です。すぐに近くの病院に駆け込んで下さい。ワンちゃんのことは我々にお任せ頂いて」

事情を知らない私が動物病院に到着するや、担当医さんがレントゲン写真を見せながら手短に状況を伝えてくれました。ラナの喉深く犬用のガムが引っかかっていたようです。

ガムを引き抜くのは無理と病院は判断しました。逆に胃に押し込むという処置が施され、無事成功してくれました。一晩動物病院で預かるので、早くカミさんのいる人間の病院に行くよう促されました。

「どうしてカミさんが病院に？」

「どうやら、飲み込んだガムを取り除こうとして指を突っ込んだらしいのです。当然ラナちゃんは苦しいですから奥さんの指をガブリしたんでしょう」

てなわけで、ラナを病院に託し５００ｍ先の総合病院目指し猛ダッシュ。今ならあんなに走れません。ドラマの中の滑稽な中年男を演じているみたいでした。救急病棟に駆け込むと、真っ青な顔をしたカミさんがベッドに横たわり点滴を受けていました。

カミさんはなんとかラナの窮地を救おうと、始めに掃除機で吸い込むことを試みたそうですが上手くいきません。ならばと、意を決し右手人差指をラナの口に突っ込みガムを探ろうとしました、でも届きません。苦し紛れのラナにしては「何をする！」といったところでしょう。口に侵入した異物に噛み付いてしまったのは仕方ありません。

そのような状況でよくタクシーが拾えたものです。苦しそうにもがく犬を抱えて、手を血みどろにしたパニック女。怖い絵です。乗車拒否されても文句は言えません。

結局カミさんは10針も縫いましたが、化膿止めを頂きその日のうちに退院できました。ラナも翌日にはケロッとして退院しました。まずはメデタシメデタシでしたが、亭主としては、こういうのは勘弁して欲しいです。おそらくこの事件が引き金となって、ラナが異常な病院好きとなりました。

You'll never walk alone because I'll always be with you. Love, Lana

ラナと初めて散歩をしたのは、ラナが生後半年頃でした。２００５年４月です。それから13年以上、よほどの悪天候の日を除いて毎日散歩しました。その数は優に４０００回を超えています。目黒川沿いを中心に中目黒、代官山周辺が主な散歩コースでした。散歩の時間は小1時間。フレブルにとってはかなりの長さです。途中急坂もあって、運動量はかなりのものでした。美空ひばりさんの終の住処の前は、斜度18度というきつい坂です。

最初はとても奇妙な散歩でした。普通犬の散歩では、途中でマーキングしたりウンチしたりしますが、ラナは一向にトイレをする気配がなかったのです。どうやらトイレは家でするものと思い込んでしまっていたようです。その理由は不明です。とにかく最初の2年ほどはひたすら歩くだけで、トイレをしませんでした。よほど我慢していたに違いありません。

待望のトイレデビューは、突然やってきました。ラナが3歳の誕生日を迎えた直後です。代官山にある商業高校の脇道は、秋になると落ち葉でいっぱいになります。その上をラナが歩くとカサカサと小気味の良い音がしました。すると何を思ったのか、突如ラナがオシッコをする態勢をとり、これまたサラサラと心地良い音が流れ出しました。その間、ラナは複雑な上目遣いで私を見つめます。まるで「ごめんなさい、ちょっとガマンができなくなっちゃいました」とでも言いたげでした。

私は思わずガッツポーズをとっていました。「やった、これで普通の散歩ができるぞ」大変奇妙な光景です。ただし、ラナがウンチをするようになるまでは、その後数日を待たねばなりませんでした。しかもその間もオシッコは同じ高校の脇道だけでしかしません。

初めてのウンチングは、なんと私が現役国連職員としてお世話になった駐日ウガンダ共和国大使館前でのことです。しかもデビューとしては信じられないほどの山盛りでした。思わず声を上げてしまいました。「よくやったラナちゃん」頭や体をなでながら褒めちぎりました。これまたラナは複雑な眼差しを私に向けました。

さて、問題はウンチの処理でした。形状は絵に描いたほど素晴らしいものでしたが、何と言ってもその量が半端ではありません。手持ちの水や紙の量では到底処理しきれません。生憎とそこは高級住宅街の一角で、近くにスーパーもコンビニもありません。思い余った私は、近くにある交番に駆け込み「犬が大使館の前でてんこ盛りのウンチをしちゃって、申し訳ありませんが新聞紙かちり紙を頂けませんでしょうか?」「ほう、それは大事件だ」そう言うと、駐在さんは机上にあったクリネックスボックスを1箱ごと下さいました。さすがに日本の交番です。世界に誇れる日本の宝です。

それからというもの、ラナのトイレは傍若無人《ぼうじゃくぶじん》となりました。マーキングは言うに及ばず、ウンチの回数も多いのです。最高5回したことがあります。あの体からよくこんなに出るものと感心しました。ラナの排泄物が道を汚さない素晴らしい方法を編み出しましたが、ラナと私の息が合うことが必須条件でした。実際、完璧な処理ができた時の喜びは皆さんの想像以上です。

12歳の時に急性肺水腫を発症するまでは、散歩の途中で必ずランニングタイムがありました。精々50メートルほどでしたが、その体躯に似合わないほどきれのイイ走りをしていました。前方に様子のイイ女性の群れを見つけると急に走り出し、追い越しざまにちらっと後ろを振り向きます。すると間違いなく黄色い歓声が起こります。「キャ〜、ヤバい、ヤバい、かわいい〜」ラナはこの「かわいい」という言葉に異常に反応するのです。女優か?

「さわってもイイですか?」「もちろん、いいですよ」おずおずと触ろうものなら、さあ大変! いきなりその懐に飛び込みます。そして顔をペロペロ。あまりの人懐っこさにビックリされます。それでもファンが複数いる時は1人精々3秒で「はい次の人」といった具合にあっさり離れます。「ええ〜、もういっちゃうの」その度に私が謝ります。「ラナちゃん、それじゃ短か過ぎるよ。せめて10秒ぐらいにしてやったら」食えない犬です。

そんなラナでしたが、晩年は獣医の勧めもあり、カートでの散歩となりました。最初やや不満気でしたが、そのうち今までより1段高いところからの景色が気に入った

ラナの周辺はいつも人だかり

らしく、いつも満面の笑みを振りまきながらの愉しい散歩となりました。人が沢山いるところではまるでアイドルのように振舞うのでよく人だかりができ、さながら撮影会のようになったりしました。

第2章

犬にも生まれ変わりはある

フェイスブックで人気者に

私は元々超アナログ人間です。デジタルの世界はとても苦手です。コンピューターは今でもとてもついていけません。現役時代でもマニュアルが理解できず、パソコンはもっぱらメール専用でした。アナログ人間のまま死にたいと周囲には漏らしていました。そんな私ですから、携帯を持つことを頑なに拒みました。こんなものでカミさんに追いかけられたくはないですし、ましてや職場から追いまくられると想像するだけでゾッとしたものです。

実際、私は2011年の東日本大震災まで自分の携帯を持っていませんでした。それでは困るということで、職場から仕事用の携帯を持たされたことはあります。そもそも携帯を持つという習慣がなかったので、常に机の中に入れっぱなしでした。それでも時々は外出中に、職場の仲間が緊急の連絡を取りたがるのです。その度に机の中で呼び出し音が鳴り響きます。ビービービー「やっぱりネ。萩原さんのケイタイの不携帯は、今に始まったことではないのでもう諦めましょう」とお手上げです。自他ともに許す窓際族の面目躍如です。実際、私の席から晴天の日には遠く秩父連山が見渡せました。特上の窓際席に座っていました。

元々人と群れることが苦手でした。しかも国連は一匹狼として育てられてしまう組織なのです。携帯はプロセスカットの手段としては素晴らしい機能を持っていますが、人間の本能を破壊してしまう恐ろしいガジェットでもあります。寂しさを紛らわすために、不特定多数の人々と意味のないコミュニケーションをとることなど「昭和ド真ん中男」としては受け入れがたい所業でした。

そんな私でしたが、さすがに２０１１年3月11日を境に宗旨替えすることとなりました。未曾有《みぞう》の大震災のちょうど１ヶ月後に、私は気仙沼《けせんぬま》と南三陸町《みなみさんりくちょう》を訪れることとなりました。そして、後に有名になってしまった南三陸町の防災センターの前で、約1時間私は自分自身を見つめる作業を強制的にされてしまったのです。格好良く言うと内観です。この日が私の人生のターニングポイントとなったことは言うまでもありません。

その1年後に控えている定年退職後にやるべきことがあると悟ったこと。人間は1人では生きていけないこと。そのためにはデジタルの世界をしっかりと受け入れること。実は3・11の数日後に人生初めてのケイタイ、しかもスマホを入手していました。防災センターを目の前にしながら、私の体内で化学反応が起きていたことは間違いありません。左手には真新しいスマホが握り締められていました。3・11によって人生が大きく変わった日本人が多勢いるようです。

それでも私のデジタルアレルギーが一気に解消されたわけではありません。フェイスブック（FB）をやってみたい、と若い同僚に相談しました。おかげで登録はなんなくできました。ところがその後どうして良いか分かりません。マニュアルも購入はしましたが、理解する能力をはるかに超えていました。

半年経ってもFBフレンドが2人という状況に業を煮やしたのでしょうか。ある日突然FB事務局から1本のメールが送られて来ました。“Koichi, be more active !”とだけ書かれていました。FBをもっと使えという催促です。「くそ～、こんなメール寄越しやがって。今にみていろよ」反骨精神に薄い私が珍しく燃えました。

その頃NLP（神経言語プログラミング）繋がりで親しくしている友人が「ネコにも分かるフェイスブック講座」を開催してくれました。そこでフェイスブックの基礎を教えて頂いたのです。おかげで私のFBキャリアが激変しました。教えに従い、おずおずと初めての投稿をしてみました。確か季節の団子の写真付きで2～3行書いたはずです。「イイネ」を3つほど頂きました。

すると少し欲が出てきて、講座で習った「イイネ」の数を増やす方法を自分なりに試し始めました。美しい景色、可愛い子供、愛らしいペットが人気トップ3の写真であることも大きなヒントとなりました。うちにはラナという世間ではブサ可愛い代表と言われるフレブルがいます。妙案はすぐに実行するに限ります。

それからは、連日ラナの写真に文章をつけて投稿することが日課となりました。「イイネ」の数も段違いに増え始めました。ちょっと愉しくなってきましたが、同時に物足りなさも感じていました。やはり元国連職員としてはその経験や私の処女作『スピリチュアル系国連職員、吼える！』（たま出版）の中身などに関して真面目な

「本音」を投稿したくなるのです。そのためにはどうすれば良いのか。アイディアはすぐに思い付きました。それはラナを上手く使っていわゆるサブリミナル効果を狙うことでした。

つまり、ラナ、ラナ、ラナ、本音、ラナ、ラナ、ラナ、本音といった具合です。本音では、政治、経済、環境、貧困、食糧／農業などのかなりシリアスなテーマを取り上げました。とても時間をかけて真面目に書きました。ラナの場合はイイ写真が撮れたらほぼそれで終わりです。本音投稿はそうはいきません。誤字脱字がないか、文法的に間違いないか、内容に矛盾はないか、読み手に誤解を与えることにならないか、など慎重に読み返した後「投稿する」ボタンを押します。

ところがこれらの真面目投稿がお気軽なラナちゃん投稿に比べると反応が薄いのです。「イイネ」の数はラナにはるかに及びません。何度書いても同じことです。ある時メッセンジャーにてお知らせがありました。「お前の話はどうでもイイ。何故ラナちゃんを出さない！」ほとんど脅迫状に近いです。

そうなのです。少なくとも私のＦＢフレンドは七面倒くさそうな話題には興味がないのです。朝から小難しい話は受け入れがたい人たちなのです。それが分かってからは、私のフェイスブックはラナ1色となりました。しかも強かにも私の本音はラナが言っているということにしました。少し危険な政治的発言も「いえいえ、私が言っているのではありません。ラナちゃんが言っているのです」という意味不明の言い訳を盾にしました。

でも読み手にとって私の文章はどうでも良かったのでしょう。コメントはほとんどラナ向けに「ラナちゃん、おはよう。今日もカワイイね」「ラナちゃんと毎日会うのが楽しみです」「ラナちゃんにいつも癒されています」の類いが圧倒的でした。「イイネ」が数１００も付くようになりました。

その頃世の中では「１０００イイネを獲得するための講座」が大流行りとなり、おバカな私は参加しちゃいました。そしてその秘訣は思ったよりはるかにバカバカしい方法でした。それでも1度１０００を経験するまでは、とその教え通りのことを繰り返しました。するとどうでしょう。数日後には見事に１０００を達したではありませんか。でも残ったのは虚しさだけでした。こんなに下らない法則を知るために、お金

ラナの FB 投稿を見ながら
自画自賛

も時間も使ってしまった自分に腹が立ちました。今でもその名残で早朝コピペ挨拶を続けている輩がいますが、時間の無駄だということに早く気がついて欲しいです。

「イイネ」呪縛からはいち早く解き放されましたが、ラナ投稿の人気は衰える気配がありません。バースデー投稿に至っては5年連続の1500「イイネ」越えとなりました。犬が嫌いなフレンドにとっては苦々しいことだったかも知れませんね。

確かに私の中であまりにもラナ偏重だという認識はあり、いつかラナを失ってしまったら私のフェイスブック人生も一旦は終焉を迎えるという不安は抱えていました。

散歩で出愛った人々

それ以来、ラナちゃんのパパというのがフェイスブック上の私の立ち位置でした。言わばラナのヒモ的存在ですね。それはそれで少しは嬉しかったのですが、あんまり笑えない体験もありました。

ある日、目黒川の橋の上でラナと写真を撮っていると、見知らぬ女性が声を掛けてきました。「あのう、失礼ですが、もしかしてこのワンちゃんの名前はラナちゃんではないですか?」「はい、ラナちゃんですが……」「ああ～、やっぱり、ということはあなたがハギワラコウイチさん?」

このようなことは何度もありました。道ですれ違った旧知の友人でさえも「ラナちゃんと一緒だったから気がついた」言い換えれば私1人では気が付かなかったということです。チョット複雑ではあります。

中目黒や代官山周辺は著名人が沢山住んでいるエリアです。散歩中によく芸能人や文化人と遭遇します。西郷山公園で上半身裸の市川海老蔵さんがジョギングする姿はとても格好良かったです。同じ公園でキムタクがドラマの扮装のままで、キーマカレーを美味しそうに食べていました。そこでラナと遊んでくれたのが、現在モデルとして活躍中のお嬢さんです。

もちろん出会うのは、ほとんどが見ず知らずの通りすがりの人々です。ラナは人間なら老若男女は問いませんでした。誰にでも愛想がイイのです。ホームレスのおじさんなんかも大好きでした。さすがに飼い主としては、おじさん達の脂ぎった顔をペロペロしている時はちょっと複雑な気持ちとなりましたが。

ラナは中目黒駅が大好きでした。特に夜は。改札口から吐き出される人々の群れを興味深く見つめています。みんな疲れ果てているのでしょうか。目が死んでいます。うつむき加減の暗い顔が、その日の過酷さを物語っているようです。

そんな中で、何人かに1人は、ラナを見つけると思わず表情を崩してくれるのです。この一瞬がラナとの散歩の1番の醍醐味《だいごみ》でした。瞬時にして、苦虫を潰したような顔を笑顔に変えられる存在ってすごいなぁ、と我が愛犬に感動したものです。私が講演会などで目指すのはこれに尽きます。

その中目黒駅でご縁を頂いた極道の親分さんには少しビビリました。突然背後から太い声が聞こえたのです。「ワンちゃんカワイイねぇ〜」そう言いながら、ラナを愛おしそうにナデナデし始めました。右手小指の第１関節まで欠けています。明らかにその筋のおじさんです。背後には２人の舎弟が直立不動で立っています。「おめえたち、これがフレブルだ。かわいいでちゅねー」最後は赤ちゃん言葉です。お約束通り、強面の男たちの顔がチョットだけほころびました。

ラナは何も考えていません。ただヒューマンウォッチングを愉しんでいるだけです。つまり「そこに在る」だけなのです。このことが如何にすごいことか、心理学や自己啓発を専門にしている人には分かるはずです。人生の究極的な目的はまず「在る」ということに他なりません。

２０１６年の春はラナにとって特別なシーズンとなりました。ラナが毎日のように散歩する目黒川はもはや桜では全国レベルの名所となりました。毎年の見物客の数は尋常ではありません。晴れの週末にはそれこそ最盛期の竹下通りをも凌ぐほどでした。この人気に目をつけ、フェイスブック上で「目黒川でラナちゃんを探せ」なるイベントを案内してみました。企画滑りは百も承知でしたが、とにかくやってみたかったのです。

結果は期待以上でした。2週間でなんと35組45名のFBフレンドと目黒川沿いで出会うこととなりました。そのほとんどが、それまで1度もリアルにお会いしたことがありませんでした。

最も驚いたのは、若い白人カップルとの出会いでした。"I think I know this puppy."とラナを指差しながら、女性の方が足速に近付いてきました。フェイスブックで繋がっているという記憶がなかったのでインスタグラムをチェックしたところ、ありました。2人の投稿がラナに似ているフレブルの写真とともに。

2人はオーストラリアからの新婚ご夫妻でした。大好きな日本での新婚旅行の最中だったそうです。シドニーに残してきた愛犬が恋しくなった矢先、満開の桜の下に佇

目黒川でオーストラリアからの新婚カップルと出会った

んでいるラナを見てビックリしたらしいです。愛犬にそっくりだし、どこかで見た覚えもあるしで、思わず声をかけたということでした。SNS恐るべしですね。

目黒川の桜も世界的になったものです。一体何か国語が聞こえてくることでしょうか？大げさでもなく見物客の3割は外国人ではないかと思わせるほどです。その中でも中国人は群を抜いて多いです。中国でもフレブルは人気らしく、多くの観光客に声を掛けられ大撮影会が始まったりしました。

いつか、中国メディアと結託し「中国人観光客向け　目黒川でラナちゃんを探せ」を企

目黒川でよく取材されたよ

画し、日中文化交流の新たなアプローチを目指そうと思ったりもしました。ギクシャクした日中関係に一石を投じるかも知れない夢の企画を妄想していました。中国の中央新聞やネットに引っかかったら大変なインパクトをもたらすはずでした。

ラナを失ってしまい、実現に至らなかったことは、今でも大変残念に思っています。誰かこのアイディアを引き継いでくれないかなぁ〜。

ラナお宇宙《そら》に帰還

２０１８年5月12日午前10時半、13年半一緒に生活をともにした愛犬ラナが静かに息を引き取りました。5月１日の緊急入院以来壮絶な闘病の末、ついに力尽き天国に召されました。その前日病院に行くと、それまで苦しそうに横たわっていたラナがムクッと立ち上がり、鋭い眼力で「ラナは最後まで頑張る！」とはっきりと訴えかけてきました。ラナの症状に尋常ならざるものを感じたカミさんは、家に連れて帰りたいと思ったようです。

最後は心臓の機能不全による肺高血圧症を発症し、肺が繊維化してしまったことが致命的となりました。ペットを見送った家族が必ず苛《さいな》まれることですが、我々夫婦にも「あの時ああすれば良かった」という後悔は残りました。最後に獣医さんがかけてくれた言葉に救われました。

「最善を尽くしました。ラナちゃんは最後まで頑張りました。どうかご自身を責めないで下さい。ラナちゃんはそれを望んでいません。ラナちゃんはその寿命を全うしたはずです。萩原さんご夫妻と一緒に幸せな日々だったはずです。もう泣くのはやめましょう」その言葉にカミさんも私も号泣してしまいました。困った飼い主です。

たかが犬1匹なのですが、この日は我が人生で2番目に辛い日となりました。誤解を恐れずに言うと、8年前に最愛の母が他界した時も、これほどの悲しみを感じることはありませんでした。不思議なことに、自他ともに認めるほど涙もろい私が、こと母の死に関して今まで涙1滴流していません。もちろん母を失った悲しみは計り知れないものがありましたが、これまでの母への感謝の念が喪失感をねじ伏せたような気がしています。産んでくれてありがとう、育ててくれてありがとう。

ラナの場合はとにかく悲しくて悲しくてどうしようもないのです。こんなにも涙が溢れ出るものでしょうか。涙って枯れ果てることがないのでしょうか。かつてコピーライターの糸井重里さんが番組の中で、愛犬が死ぬ日のことを想像するだけで、脳の延髄あたりから涙がほとばしってしまう、と語ったことがあります。当時はまだ犬を飼っていなかったので、糸井さんの言うことが良く分かりませんでした。

ラナと出会ってから少しずつその気持ちが理解できるようになり、来たるべく日に備え、なるべくのめり込まないつもりではいました。全ては無駄な、むしろ無意味な努力でした。

子供を持たない夫婦にとって、犬は子供のような存在と言われることに私は抵抗があります。ペットはペットと割り切るべきだと思っています。どのように親しい関係の中でも、ゲシュタルトの祈りのような離別感を常に持ち続けたいと願っています。カミさんとの関係性においても。

「私は私の人生を生き、あなたはあなたの人生を生きる。私はあなたの期待にこたえるために生きているのではないし、あなたも私の期待にこたえるために生きているのではない。私は私。あなたはあなた。もし縁があって、私たちが互いに出会えるならそれは素晴らしいことだ。しかし出会えないのであれば、それも仕方のないことだ」――前の私の言葉と完全に矛盾していますね。

ラナを失ってしばらくは、どうにもこうにもならない日々が続きました。ちょっと計算すると、どう少なく見積もっても、ラナとの散歩は4000回以上に及んだことが分かりました。それは、我が家の半径500メートル圏内の路という路は全て制覇しているということです。中目黒駅から自宅までどのコースを通っても、思い出満載の景色が次から次へと現れるのです。本当に参りました。

フェイスブックはもっと始末が悪いです。毎朝パソコンを開くと真っ先に「過去の今日の投稿」が目に飛び込み、否が応でもラナの写真や動画と対面させられるのです。しばらく朝1番は涙と一緒でした。スピリチュアルに関心があるのに幽霊は怖くて大嫌いです。でもラナちゃんがオバケになって時々出てきてくれないものかと願ったものです。

ラナの死後しばらくして「争わない弁護士」として知られる秋山佳胤《よしたね》さんが教えてくれました。

ラナちゃんの「ラ」は光

ラナちゃんの「ナ」は調和

もっと早く知るべきでした。

ドキュメント映画『生死（いきたひ）』の製作監督長谷川ひろ子さんは私の大切な友人の１人です。末期ガンに侵されたご主人を４人の子供とともに自宅で看取った彼女が著書『生前四十九日』の中で左記のように語っています。

「人が亡くなる前の四十九日間を生前四十九日と呼び、人生の幕引きを控えた方が様々な奇跡を起こすことができる期間なのではないかと、つまり人生の最終章、旅立ちの準備期間です」

ラナの生前四十九日の始まりは３月24日。私の誕生日です。この日私は確かにラナから「早くラナちゃんのことを書いて！」という懇願に近いメッセージを受け取りました。それまでいろいろと構想はありましたが、文字に落とすという作業になかなか至りませんでした。でもこの日１日で１万字ほど無心に書いた記憶があります。

その日以来不思議なことが次々と起こりました。例えば、前作『人類史上初　宇宙平和への野望』（廣済堂出版）の重版が急に決まりました。初版から15ヶ月経っていたので増刷は諦めていた矢先の出来事です。

スピリチュアル系の雑誌『スターピープル』は、残念ながらその年の8月をもって休刊となりましたが、その最終号の「紀伊國屋新宿本店精神世界の本4月の売上」でなんと1位に輝いたのです。これはどう考えてもありえない話です。ところが同じことは他の大型書店でも起きました。

また急に講師として、様々なメディアからの出演依頼が増えたのもこの時期です。それとともに私の中でいろいろと愉しい企画が湧いてきました。それは大学の講義、講演会、ワークショップ、誰かとのコラボ、画期的な腸活、新たな生活習慣や食生活と多岐にわたります。これらは全部ひっくるめてラナの置き土産としてありがたく受け取りました。大学の講座にいたっては登録学生人数が400名を超え、何が何だか分かりませんでした。

そして、ラナの四十九日明けがカミさんの誕生日という偶然。この犬は最期の最期まで何かやらかしてくれます。痛快な存在でした。

そんなラナがその死後も宇宙から怒涛のようにメッセージを送ってきます。実は、ラナの生前に私が目指す「宇宙平安」に向けて宇宙から沢山のメッセージが届いていました。残念ながら私の受信能力が低いため、大切なメッセージをスルーしてしまうという失態を繰り返していたのです。サッカーに例えると、せっかく絶好のセンタリングをもらいながら、ことごとくゴールポストの枠を外しまくっていたということです。

どうやらラナはそれらのメッセージを正確に受信していたようで、飼い主の私に相当イラついていました。頼りないストライカーのために、これ以上は望めないアシスト役を請け負ってしまったのです。

本当は後２年、２０２０年の東京オリンピック・パラリンピックまでは生きるはずだったのに、業を煮やしてあちらの世界に行ってしまいました。そこから私の受信可能な周波数に合わせて、メッセージを送り続けてくれているのです。今もチューナーとして忙しく動き回っています。

先の『人類史上初　宇宙平和への野望』（廣済堂出版）は生前のラナのご下問に

従って書きました。「生きとし生けるもの全ての平安のために生きて死ね」とこの犬から檄を飛ばされ続けています。素敵なパワハラを愉しんでいます。

お宇宙《そら》からお告げがきたよ！

ペットロスは続く

ラナが他界した翌々日は、大学の非常勤講師として担当していた「環境と経済」講座の予定日でした。幸いなことに、この日は日頃から懇意にしている環境専門家にゲストスピーカーとして登壇頂くことになっていました。

私とてプロの講師として、たかが犬1匹のことに動じることなく、普通に講座をこなす自信はありました。それでも、顔に表れていた憔悴ぶりを2日で消すことは難しく、90分間教壇に立たなくて済むことに些かホッとはしました。

この友人には、毎学期ゲスト講師をお願いしていたので、安心して講座を任せられます。この日はいつにも増して、臨場感豊かに熱く語ってくれました。学生達もいたく感動した様子で、最後は万雷の拍手が巻き起こりました。

後方に座っていた私も、たまらず拍手の渦に加わりました。しばらくすると彼は学生達を制しながら、私の方に視線を向け一言「よろしいですか」咄嗟のことに私は何のことか分からずにただ頷いていました。信頼に足る友人のすることです。流れに任せました。

一瞬の静寂の後、スクリーン一杯に浮かび上がったのは「天国のラナちゃんへ」の文字でした。しばらくすると音楽が流れて来ました。竹内まりあの『いのちの歌』です。歌うは、玉置浩二と小野リサという最強コンビ。

「これはまずいことになる」という私の不安をよそに、生前のラナの写真が次から次へと映し出されたのです。しかもその多くが1番思い出深い桜の目黒川散歩のシーンです。

「ラナ死す」を知った友人が、前日夜を徹して作ってくれた動画です。写真は私がかつてフェイスブックにアップしたお気に入りのものばかりでした。ありがたいやら、嬉しいやら、悲しいやら、複雑な思いが錯綜し、涙腺崩壊寸前でした。友人に促され教壇に上がった時は、きっと魂が抜けた状態だったことでしょう。

学生達の前で無様な姿は見せられない。私が脈々と築き上げてきた硬派のイメージは何としても保ちたい、という思いとは裏腹に、怒涛の如く涙が溢れてしまいました。恥ずかしいばかりの号泣でした。涙脆い軟弱講師が暴露されてしまいました。たかが犬１匹で恥ずかしいと涙ながらに謝罪しましたが、心優しい学生達は、こんな私を快く受け止めてくれたようで、救われました。

今、この項を目黒川沿いのラナがお気に入りだった店で書いているのも偶然ではないでしょう。件の動画は今でもＹｏｕＴｕｂｅで「天国のラナちゃん」と検索して頂ければ観られます。

私も久しぶりに観ましたが、やはり泣けてきました。チョットだけ居直りますが、このような動画を観て泣けない飼い主がいたらお目にかかりたいです。

仕方のないことですが、我々夫婦のペットロス症候群はしばらく続きました。私は引き続き大学の講座や講演会、執筆などで気分を紛らわしながら落ち着きを取り戻しましたが、カミさんの方のダメージはかなり手強そうでした。

皮肉なことに、ラナがいなくなってから夫婦の会話は増えたのですが、話題はどうしてもラナに行き着いてしまうのです。死んだ子の年を数えるとは、よく言ったものです。２度とあのような悲しみを繰り返したくないという思いと、どうしたらラナの穴埋めができるかという願いが2人の間で交錯していました。

長い葛藤の末、結論は左記のようなことに落ち着きました。

- 基本的には次の犬を迎え入れない。2人とも古稀を目前にして、ペットへの責任を果たせるかどうか甚だ疑問。
- ただし、カミさんがただならぬ縁を感じる犬（犬種はフレブル限定）と出会ってしまった場合は、この限りとしない。
- もう1度犬とともに生活する条件として、2人とも犬の寿命までは健康でいるという「契約」をする。

我々夫婦間では、買い物は全てカミさんの領域です。衣食住にわたり、常にカミさんの嗜好が優先します。私が勝手に買えるのは釣り道具ぐらいです。着る物のセンスはハナから信用されていませんから、下着からスーツまで全部カミさんの思し召しのままです。ついでながら、毎日私が着る物は全部カミさんが決めます。結婚生活40年間、私はずっとカミさんの着せ替え人形に徹しています。その方が楽チンです。「昭和男」のプライドは持っていません。

つまり、次の犬を迎えるかどうか、それは100%カミさん次第ということでした。

ラナの生まれ変わりか、ルル降臨

親バカと言われればそれまでですが、ラナは容姿、性格ともパーフェクトでした。散歩の途中で「こんなに可愛いフレブルを見たことない」と何度も言われました。そのような犬の代わりがそう易々と見つかるはずがありません。今後は夫婦だけの時間を大切にするという了解があったはずですが、時々やらかしてしまう痴話喧嘩の仲裁役を失ってしまったことは大きな痛手でした。

フレブルとの出会いは、街中のペット屋より信頼のおけるブリーダー経由からが鉄則のようで、カミさんは時々インターネットで写真や動画を検索していました。結局4頭のフレブルに会いました。

1番傑作だったのは、博多にいる仔に会いに行った時のことです。「このワンちゃんに会ってみたい」と言うので、新幹線に乗って1泊2日で博多まで行きました。しかもブリーダーには手付けとして10数万円支払ってのことです。普通はこれで決まりです。ワクワクの博多入りでした。実際、黒白のフレブルは見た目には十分可愛い仔でした。体もがっちりとしていて、健康にも問題なさそうでした。でも、明らかにカミさんは乗り気ではなかったです。

カミさんは犬を選ぶにあたっては、その親のことをとても気にします。「親を見れば、その仔の行く末が大体分かる」と日頃から言っていました。案の定、その仔の親と対面した途端にカミさんの顔が曇りました。

件のブリーダーは、東京からわざわざ博多まで来て、返金不可の手付けまで支払っているので、当然「商談」成立と思っていたはずです。カミさんの「考えさせて下さい」の回答にはかなりたじろいだことでしょう。私も平静を装うのは大変でしたが、カミさんの考えは「神の考え」ですから異論を挟むことはできません。

帰りの新幹線で、私は女々しくもこの旅で使った20数万円をドブに捨てる行為をちょっとだけ諌めようとしました。しかし「違うものは違う」の一言で全てご破算となりました。当のブリーダーとしては濡れ手に泡の10数万円ですから、文句の付けようはなかったはずです。

この1件に懲りたカミさんは、しばらくインターネット検索から遠ざかっていましたが、数ヶ月経ったある日、「この動画の仔、可愛い。でも破格に安い値段がついているからワケアリかも」と言いながら指さした仔は確かに愛くるしい顔をしていました。場所も車なら2時間程の近距離でした。ドライブがてらその犬に会うこととなりました。

指定された住所に着くや否や、2人ともただならぬ雰囲気に押し潰されれそうになりました。突然無数の犬がけたたましく吠え始めたのです。神経を逆撫でする騒音がしばらく続きました。

異様な状況の中、通された1室には動画の仔がいました。しかし、瞬時にこの犬の異常性が知れてしまいました。姿形や仕草から子犬らしさがなく、愛情深く育てられていないのは明らかでした。来てしまったことを後悔しました。それでも速攻で引き上げるのは失礼かと、カミさんは例によってその仔の両親との対面を求めました。

連れて行かれた所は、300頭余りもの犬が邪険に扱われている悲惨な現場でした。

初めて見るパピーミルでした。悪名高き犬の生産工場です。我々が近付くと犬達の吠え方がますます異常になりました。あたかも、こんな酷い生活から早く救って欲しい、と哀願されているようでした。

「あそこにいるのがあの仔の親です」指し示された先の2頭を見つめるカミさんの複雑な顔が全てを物語っていました。見える景色は絶望的でした。

世の中にはこんなことをしてまで、金儲けをする輩がいることをまじまじと知りました。恐らくその背後には反社会的組織もあるのでしょう。人間として最も卑劣な行為です。入り口には、これ見よがしに立派な慰霊塔が立っていました。一体どれほどの犬達がこの劣悪な環境下で、無理な繁殖を強いられた挙句、死んでいったことか。犬舎はまるで巨大な棺桶みたいなものです。

憤然たる思いでその場を逃れました。車中で「せめてあの仔だけでも救えないだろうか？」と話し合いましたが、「やっぱりあの仔を迎えるのは無理」という忸怩たる結論に至りました。

今思い返しても本当に腹立たしいことです。日本の優しさの欠片もありません。この国では現在もなお、年間数万頭の犬猫が殺処分にされています。フェイスブックなどで処分間近を知っている犬が「次は僕の番だ」とブルブル震えている動画を見ると、居ても立ってもいられなくなります。これでは国家の品格も何もありません。悲しい限りです。

いっそのこと、保護犬を迎えてはどうかと提案めいたことを言ってみましたが、カミさんはやっぱりフレブル以外はＮＯということで、しばらくこの件は沙汰止みとなりました。

ラナがいた間の13年半は、１度も夫婦で旅行をしたことがありませんでした。短時間の外出でも、１人で留守番をしているラナのことがいつも気になり早々に帰宅したものです。ラナがいなくなって、我々夫婦もちょっとだけ２人だけの生活を謳歌しました。

運命的な出会いは意外な形でやって来ました。ラナの死後約1年のことです。世田谷のフレブル専門店のネット動画に映る仔に、なんとなく良い縁を感じるとカミさんが言うので、これもダメ元で付き合うことにしました。

店に入った瞬間「ここで決まるかも」という直感めいたものを感じました。そこはとても明るく清潔で環境の良い店でした。フレブル達もみんな元気そうでした。

ところが、残念なことに、カミさんお目当てだった仔はタッチの差で売却済みとなっていました。「つい今しがた飼い主が決まっちゃいました」と申し訳なさそうな店員さん。

それでも未練がましく店内に佇んでいると、奥の方からオズオズと赤ちゃんフレブルが現れました。「ええ〜っ！」カミさんも私もその仔に釘付けとなりました。それもそのはず、姿形がラナに瓜二つだったのです。あまりのソックリ振りに2人とも絶句気味でした。

その仔にはまだ飼い主がいないと知るや、カミさんは即断しました。一目惚れだったのでしょう。ラナ2世としては運命的なものを感じたのでしょう。もちろん私に異存などあるはずがありません。

　２０１９年１月29日生まれの女の仔。元々、次の仔の名前は「ルル」か「ルナ」と決めていました。「ルナ」だと「ラナ」が半分入って、「ルル」の中に「ラナ」の面影を探してしまいそうなのでやめました。ラナ２世としてではなく、ルル１世として迎えるのが本筋のような気がしました。もっとも、カミさんは『『くしゃみ３回、ルル３錠』のルルね。イイじゃない」と全くの能天気でした。若い世代には分からないでしょうね。


　色はラナと全く同じクリーム色。目鼻立ちもよく似ていますが、目はラナの方が少し大きかったです。決定的に違うのは尻尾の形状です。形、大きさともラナの方が少し立派でした。

　両方ともガッチリした体躯ですが、明らかにルルの足はフレブルとしてはかなり長いです。ラナはウサギが飛び跳ねるように後ろ足を蹴りながら歩きましたが、ルルは前足が太く、ワニのように這うが如く歩きます。

性格はずいぶん違います。どちらも普段の性格は温厚ですが、独占欲（所有欲）は負けず劣らず旺盛です。犬にはほとんど興味がなく、もっぱら人間との絡み合いを好みました。

「散歩命」は変わらないのですが、ラナはいつでも真っ先に近くの動物病院に向かい、その後左右のどちらかのコースを辿ります。一方ルルは自宅近くの目黒川の橋まで来て、５つのコースのどれを取るかしばし考えた後に、おもむろに走り出します。

途中ですれ違う犬達にはいつも吠えられますが、ラナは生涯を通じて１度も吠え返したことはありませんでした。しかも完全に喧嘩腰となり、どんなに大きな相手でも立ち向かっていくという危ない性格の持ち主でした。売られた喧嘩は買わなければ犬が廃るとでも言うのでしょうか。

一方ルルの方もよく吠えられます。その途端に逃げ腰となり、２〜３歩退きます。犬のプライドクソ喰らえ、私は鉄板の平和主義者とでも言いたそうに。飼い主である今の私に似ています。私自身がちょっと前までラナ的な性格でしたが、今はルル的であると自認していますが、笑っちゃいますね。

そのルルが今はお宇宙にいるラナと交信をしているようなのです。時々夜中に目覚めるとルルが座禅を組んでいるように座り，半眼気味に瞑想ポーズを取っていることがあります。その姿が何かの存在と繋がっているように見えるのです。

未熟な飼い主をなんとか世の中の役に立たせるためには、どのような筋書きがベストか話し合っているようです。メッセージのチューナーとしては経験の浅いルルがその道ではベテランのラナに指導を仰いでいるのがよく分かります。

私の残りの人生全て犬頼みというのもどうかと思いますが。

ラナ

ルル

第3章

ラナから教わったこと

幸せとか愛とか

ラナはその存命中、常に私の最高最大のメンターでした。犬がメンターなんて、と思われても仕方がありませんが、それが私の偽らざる心境です。もしかするとラナは死んでからもメンターであり続けることはあり得るとも考えています。

自己啓発の世界では「今」と「ここ」に生きるという鉄則のようなものがありますが、ラナと一緒にいるとそのことが納得できました。昨日のことに煩わされることなく、明日のことを心配することもなく「今」という瞬間と「ここ」という場所を100％愉しんでいることが分かります。

ラナにも過去に嫌なことはあったはずです。病院では沢山痛い思いをしました。でもラナは死を迎えたその日まで病院が大好きでした。毎日の散歩で真っ先に向かうのは、必ず近くの行きつけの病院でした。院内に入る理由がないので、いつもドア越しに患者のペット達を眺めるだけです。いつまでも眺め続けるのです。

中からドアが開けられるとさあ大変。「中に入れて〜！」と必死になります。たまに中に入れて頂くと、もう嬉しくて嬉しくて、今度は病室を開けようとします。超元気なラナを見て、患者のワンちゃん達が訝しげな視線を送るのも無理はありません。「なんでお前がここにいる？」

1度だけ暇にあかせて、どれくらいドア越しに眺め続けられるか付き合ったことがあります。なんとラナは1時間半、外にジッとへばりついたままでした。私が根負けして、リードを引くと少なからず抵抗したのです。

ラナは人にちやほやされるのが大好きでした。病院で体験した「痛かった」ことは、獣医さんやスタッフさんに「優しくされた」という記憶に全て書き換えられているとしか思えないのです。心理学の世界ではリフレーミングと呼ばれる手法でしょうか。

診察台に乗せられて、注射を待つ時でさえ嬉しさが抑えきれないみたいでした。その後、首根っこを押さえられ、まさに注射針が刺さっている間も「待ってました！」という表情を見せるのです。変態の極みのような犬です。

ラナを見ているとと明石家さんまの「生きているだけで丸儲け」が如何に至言かとい

うことが分かります。ただそこに「在る」ということがどれだけ素敵で幸せなことかを教えてくれます。

散歩はラナにとっては日課でしたが、散歩に行けると分かった瞬間の喜びようは一体どこからくるのでしょうか？　私も喜びを爆発させたことは過去何度もありますが、ルーチンの如くあのようには弾けることはできません。

人間はやはりあれこれと面倒なことを考えてしまいますからね。「考えない練習」などという難しいことを習おうとしちゃいます。「考えるな、感じろ　Don't think, feel it.」なんてことを自己啓発セミナーでは言われてしまうのですね。「赤ん坊だった頃はできたはずです！」といった調子で。

大人になると幸せが条件付きとなってしまうことは、高等動物といわれる人間だけに起こる現象のようです。皮肉な話です。しかもそのほとんどが他人との比較によるものだから始末が悪いです。「もう少し金があったら」「もうちょっと美人だったら」「もうちょっと頭が良かったら」などなど。

特に日本では、無いものに焦点を当てるという風習が横行しています。とても辛い生き方を選択していますね。マイナススパイラルが行き過ぎると、自ら死を選んだりすることもあります。日本の自死率があまりにも高いので「あれほど幸せそうな国が、実は内戦状態だなんて」とアフリカの小国の人々に勝手に想像されたりしてしまいます。

かく申す私ですが、住んでいるマンションがもう少し広くて、ホームパーティが開けたらいいなぁ〜、なんてことを考えたりすることがありました。数年前、桜の季節にいつものようにラナと散歩を愉しんでいると、すれ違いざまに若者の１人が呟きました。「目黒川をフレンチブルドッグと散歩かぁ〜。夢のような生活だなぁ〜」この言葉は、私の脳天を粉々にしました。そして気がついたのです。そうか、私にはいろいろと不満めいたものがあるけれど、すでに誰かの夢を生きているのかと。

今そこにある状態は、視点を変えてみればどのようにも変わります。日本人がアフリカで貧困にあえぐ人々を捕まえて「かわいそう」などと思うのは傲慢以外の何物でもないかも知れません。

果たして、あなたは犬のように幸せそうに振る舞っているでしょうか？
犬のように愛する勇気を持っているでしょうか？

犬は愛については敏感で、時には人間以上の行動をとるそうです。ラナは散歩の途中の急坂に差し掛かると、それまで以上に力強く歩き出しました。無理はさせたくないので、リードを持つ手に力が入ります。

犬は飼い主を安心させるため、「自分はこんなに元気」とアピールします。目も使って誇らしげに「どうよ、どうよ」と訴えかけます。動物の中で、犬に限っては生きることよりも、家族を愛し愛されることを優先するというのです。間違いなく私もラナから愛の本質を学んだつもりです。

私世代の特に男にとって、この愛という言葉ほど縁遠いものはありません。今もって、この言葉を使うことは勇気がいることです。昭和男の照れがあるのです。何故人間が生きていく上で最も大切だと思われるこの言葉が、それほど苦手な理由は何でしょうか。

考え過ぎは良くないですが、そこには第2次世界大戦で勝利しながらも苦悩を持ち続けねばならないアメリカの宿命があったのではないでしょうか。

原爆を2つも落として、日本を奈落の底に落としたはずのアメリカが抱えた拭いきれない恐怖心があったのではないでしょうか。

どう考えても勝ち目のない戦いを敢然として挑み、最後は竹槍を手に玉砕覚悟で1億火の玉状態となった大和民族の再来を、心底警戒したに違いありません。日本が精神的にもう1度まとまった時の脅威を怖がったのではないでしょうか。

そのように考えると、アメリカが日本から奪った大切な言葉の数々や漢字の簡略化が、優れた外交政略だと言わざるを得ません。「學」を「学」に、「氣」を「気」にされたりです。「霊性」や「魂」といった言葉も長い間使用禁止とされました。おそらく私と同世代で小学校、中学校で先生から「愛」という言葉を教室で聞いた人は稀のような気がします。

オールジャパンの視点に立つと、今でも愛をド直球で語り合う機会や場が少ないような気がします。『朝まで生テレビ！』で「愛って何だ？」みたいなものは取り上げられた試しがないし、毎日の情報番組でも「愛」について語ろうなんて、どうせ視聴率も取れないだろうということか、企画会議にも上がらないはずです。私は、このことが日本の最大の悲劇ではないかと思っています。

お散歩で真っ先に行くのは動物病院！

800万分の1の出愛い

私は今年で73歳になります。日本人の93%が還暦を迎えられる一方、平均寿命が65歳以下の国が30カ国以上もあるアフリカ基準では、一応快挙と言えるでしょう。拙著『スピリチュアル系国連職員、吼える!』(たま出版)でもご案内いたしましたが、私は直近の前世で5回ほどアフリカ人をやっていました。お読み頂いてなければ、突然何をですよね。ご容赦下さい。

とても悲惨な人生を歩んだようで、毎回30代半ばで絶命しています。そんなこともあり、今世で古稀過ぎまで生かされていることに、ひとしおの感慨を覚えます。残りの人生は「おまけ」のようなものです。おまけなのですが、競馬に例えるならば、第4コーナーを回り残り直線数百メートルのドラマチックな場面に差し掛かったばかり、とも言えるのです。

つい先日、働き蜂の平均寿命は約40日と教わりました。働き蜂といっても、一生働き詰めではなく、最後の10日間だけ猛烈に働いた末に壮絶な死を迎えるらしいです。

人生の「最後の1週間」に突入しながら、今もって呆然と佇んでいる私は一体どうすれば良いのでしょうか？

繰り返すようですが、ラナのすごいところは出会った人をみんな好きになることです。相手が誰であろうと関係ありません。初対面であるなしに関わらず、とにかく懐に飛び込み顔をペロペロと舐め回します。

出会った人に何の躊躇もなく親愛の情を表せるってすごいです。人間にはとてもできない神業です。だからＤＯＧを逆さにするとＧＯＤになるのかなぁ～。ちなみに、Ｌａｎａを逆さにするとＡｎａｌ（ケツの穴）となってしまい、Oh My God です。ラナは究極の人たらしの術を携えてこの世に生を受けたのでしょう。

私も決めました。これからの「おまけの人生」で出会う人は皆「天使」であると。私は子供の頃から能天気で、愉しく生きる術を知っているような気がします。ちょっとだけラナと似ています。残りの人生を最大限愉しむために何が必要かを考えた挙句そう決めました。目標は「超」能天気になることです。

人が抱える半分以上の悩みや問題は人間関係と言われています。だとすれば、人間関係が良好であれば、ストレスは半減され、より健康的な日々を送れることになります。人は1人では生きていけません。関係の如何に関わらず、誰かと付き合わねばなりません。家庭、学校、職場、友達、異性、などなど、その中で面倒臭くて厄介な問題が発生することは自然なことです。人間だもの。

でも、それら全てを天使の仕業と決め込んだら、「問題」や「悩み」の形がだいぶ違ってきます。例えば、「天使の悪ふざけ」「天使の誘惑」「天使の挑戦」「天使の試練」などと勝手に置き換えてしまえば、人間関係はそれ程頭を抱える問題ではなくなるかも知れません。

人は初対面でその相手と気が合うかどうか決めてしまいがちです。私は子供の頃からどちらかというと人見知りする方でした。ですから、初対面は苦手でした。緊張で口数も少なくなるので、相手から好印象を頂くことはまずなかったです。

でも今は違います。私にとって初対面は、人生の醍醐味となりました。どのような絆に発展するのか、以前とは全く違った意味でドキドキします。残念ながら、未だに大勢の中では積極的に私から声をかけることは滅多にありません。この歳になっても改善の余地は沢山あります。

最近、人から多少嫌味なことや厳しいことを言われてもカチンとくることが少なくなりました。定年後、苦言を呈してくれる人が急に減ってしまって寂しい思いをすること度々です。

出会う人は皆天使。結構難しそうに聴こえますか?

確かに、もう既に大変な問題を抱えている相手を天使と思え、というのは難しいでしょうね。えっ! 1人だけ殺したい奴がいるって? ダメですよ! そんなこと言っちゃ。その人は天使中の天使、つまり「大天使」かも知れないのですよ。「冗談じゃない、あいつは『堕天使』だ!」ですって。あなた、それはパズドラのし過ぎですヨ。よ~く観察してみて下さい。間違いなく大天使ですから。その人はあなたにとって単に「都合が悪い人・難がある人」なだけです。それでも、あなたの人生劇場においては、とても重要な役どころを演じて頂いている有難い存在なのです。

〝難がないのは「無難な」人生〟

〝難があるのは「有難い」人生〟

ちなみに、あなたには大嫌いな存在が何人ぐらいいますか？

精々1人か2人でしょう。もしそれ以上いたとしたら、それは間違いなくあなたに問題があるはずです。


ここで、愉しいワークをしてみましょうか！


まず、大きな白い紙をご用意下さい。なければパソコンでもイイです。とにかく、思いつくままに、あなたの「知り合い」の名前を書き続けて下さい。

もちろん家族を含みます。子供の頃の友達、幼稚園、小学校、中学校、高校、大学、職場、趣味の仲間、仕事上の顔見知り、近所の人、などなど、現在、お互いの存在を認識している名前を一心不乱に書き綴って下さい。

これはすごく意義あるワークですので、この本を横に置き、2時間かけてやってみて下さい。この間、モーツァルトか小田和正などをBGMにお勧めします。α波全開にして、愉しみながら進めて下さい。

はい、スタート！！！

♩♫♬♭♯♫♫♩♭〜〜〜〜〜〜〜〜

〈2時間が経ったとしましょう〉

いかがでしたか？

もしかして、誰もやらなかった。

こりゃ！

まあ、いいでしょう。後でやってみて下さい。

絶対にですよ！　今まで見えなかった「何か」がきっと見えてきますからね。

素直にこの実験に付き合って頂いたア・ナ・タ♡

素晴らしい！　宇宙からの表彰状をお受け取り下さい。

「あんたはエライ!!」懐かし過ぎるフレーズで涙が出ます。

意外と書けないものですよ。私の場合は８００人ほどでピタリと筆が止まりました。１０００人以上書けたらたいしたものです。いいですか、仮に１０００人挙げられたとして、地球上の80億人を基準とすれば実に８００万人に１人です。年末ジャンボ宝くじの特等に当たるぐらいの確率でしか人には出会えないのです。

学校や仕事場の行き帰りの路上や電車内でバッタリと知り合いと出くわすことって実はあまりないことです。大都会などで行き交うおびただしい数の人々は、あなたを主役とする人生劇場では「その他大勢」つまりエキストラさんたちです。８００万分の1の確率でしか出会えない人に、意味がないはずがありません。その中には天使中の天使、つまり「大天使」が必ずいます。

有名な『忠臣蔵《ちゅうしんぐら》』は、吉良上野介《きらこうずけのすけ》という敵役がいるから物語として成立いたします。映画や芝居の出来不出来は、吉良上野介役で決まります。大石内蔵助《おおいしくらのすけ》を筆頭とする四十七士や浅野内匠頭《あさのたくみのかみ》は多少の大根役者でも我慢できますが、吉良役はそうはいきません。吉良上野介が憎ければ憎いほど作品は盛り上がるのです。

あなたにもきっと1人や2人「吉良役」を演じてくれている人がいるに違いありません。死ぬほど嫌いな人、殺意を抱くほど憎い人、いませんか。あえて繰り返しますが、その人こそあなたの大天使です。天使の「格」からいうと、家族や恋人、親友に匹敵する存在です。どれだけ、その大天使があなたの人生劇場に彩を加えてくれていることか。究極の「発想の大転換」かも知れませんが、そう決めてしまえばもう怖いものはありません。

もちろん私にも嫌いな人、憎たらしい人、気の合わない人、迷惑な人がいました。

全ては過去形です。幼稚園で私をいじめてくれたTくん。甘言を持って投機話を持ちかけ、結果大損をさせて頂いた○社のOさん。職場で嫌味を言いまくってくれたS先輩。私を完膚なきまでに振ってくれたK子さん、M江さん……。

今、心から感謝しています。本当にありがとう！　あなた方の誰1人欠けても「今の私」は絶対にありませんから。

「出会う人は皆天使」

こんな単純なことに気がついたのもラナのおかげです。

私が首尾良く日本人男性の平均寿命を生きられたとしても、余命は精々10年ほどです。決して刹那《せつな》的になっているつもりはありません。たったの10年を人へのねたみ、そねみ、恨み、つらみに費やす時間はそれこそ勿体ないです。愉しくないですから。

ラナの相手に対する「絶対愛」「絶対尊敬」を見習います。

国中の人々がこの「出会う人皆天使」グセを付けてしまったら、日本から心理カウンセラー、コーチング、自己啓発、スピリチュアル系専門家たちの仕事がなくなっちゃいますよ。

ううーん、いいかも知れない。
「セラピストキラー」の異名。

こういう分野のプロたちの就労機会を増やすことよりも、その人たちの存在を必要としない世の中を作る方が日本のためになると思いませんか。
「その意地の悪い上司の言葉をリフレーミングしてしまいましょう」とか「過去のトラウマから開放するために退行催眠という手法をとりましょうか」とか「気づきのセミナーで自己啓発を成し遂げよう！」などというまどろっこしいことをするより、そういうプログラムを必要としない体質を作り上げる方が手っ取り早いはずです。往往にして、これらの機会が実は始末の悪い「お助け場」と化してしまう危険性はあるのです。１種の麻薬効果があることを重々認識しておく必要があります。

自己啓発ではお馴染みの「ワクワク」人生に気づいてしまったとかで、いきなり仕事を辞めてしまう慌て者がいます。挙げ句の果てに、セミナーのボランティアなどを繰り返し、プー太郎の道まっしぐらです。決して格好良くないですよ。「自分探しの旅」に出るのも同じことです。「自分」は自らが作り出すもので、探すものではありません。

心理学系プログラムは正しく伝われば、絶大な効果があります。その一方、落とし穴もあるのです。「もうどんなに落ち込んだってすぐにリフレームできるもん」人生における最高の武器を手にしたつもりで、落ち込みグセを容認してしまうのです。結果的に、この人たちは一生リフレーミングを繰り返すことになるのです。落ち込みグセは終生付きまとったままで。

それならば、上司の意地悪い言葉や友人の陰険な表情に右往左往しないクセを身につけてしまった方が手っ取り早いです。起きていることは、全てイイことと認識してしまう体質作りに励んだ方が愉しいはずです。

心理カウンセリングにも似たような現象が起こります。「落ち込んだらあのカリス

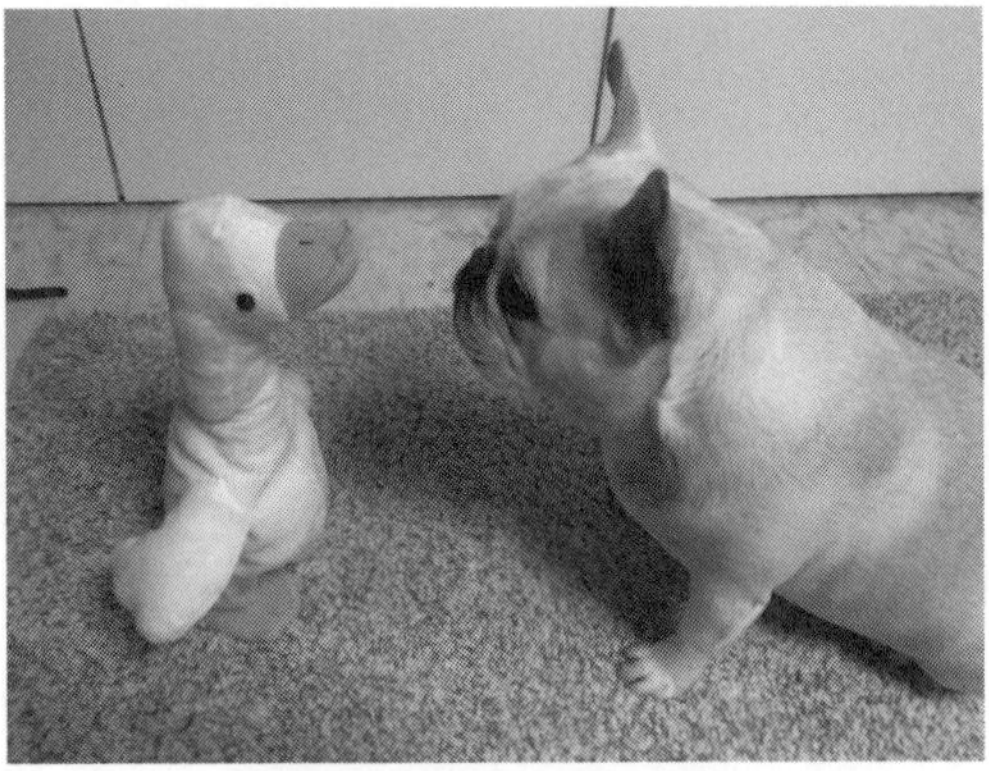

出愛う人はみんなお友達

マ先生のお話を聴いて元気を取り戻そう」って、その先生が突然いなくなったらどうするのでしょうか？

ラナちゃん流の「落ち込み3秒ルール」を生活習慣としましょう。落ち込めば落ち込むほど問題は解決から遠のくのは、当たり前のことです。

類2ミリアップの魔法

ラナはいつも笑っていました。フレブルですから、生まれつきの口角アップで得していますね。でも少し違うのはラナの目が笑っているのです。「あの人は笑っているけれど、目は笑っていないのよね」ってありますよね。私にも思い当たる人がいます。世の中に出回っているほとんどの自己啓発系の本は笑いの効能を説いています。日本では古くから「笑う門には福来る」と言われていますし、多くの偉人たちも笑いについて名言を残しています。

『笑いに勝る攻撃はない』（マーク・トウェイン）
『笑いのない日は無駄にされた日である』（チャールズ・チャップリン）
『人類のみがこの世で苦しんでいるので、笑いを発明せざるを得なかった』（フリードリヒ・ニーチェ）
『笑いは消化を助ける。胃酸よりはるかに効く』（イマヌエル・カント）

どうですか、これでは笑わない理由を見つける方が難しいですね。笑いは間違いなく健康増進に役立ちそうです。アメリカには、末期ガンの患者が毎日喜劇番組を観ながら大笑いしているうちに、ガンが消えたという臨床例がかなりあるそうです。日本でも、医学療法の1つとして笑いが注目され始めています。笑いと健康ホルモンの分泌には明らかな相関関係があると言われています。世界中で多くの人々が「笑いヨガ」を取り入れ、心身ともにリフレッシュを図ったりしています。私も時々参加しています。

笑いは、通常何かおかしいこととか、楽しいこととか、嬉しいこととかのような状況に対する条件反射です。従って、笑いを癖として日常化するのはなかなかに難しいのです。生まれつきの笑い上戸は別ですが。

その点、笑顔グセは特に刺激的な条件を必要としないだけに、習慣にすることはそれほど難しくはないはずです。極論をお許し願えれば、笑顔ほど人生を豊かにする武器はないのです。あまりにも短絡的に聞こえるかも知れませんが、これは100％正しいのです。反論の余地はありません。

「人たらし」として有名な坂本龍馬は、そのチャーミングな笑顔で出会う人を全部味方につけたと言われています。まさに、「薩長連合」の陰に笑顔あり。笑顔には人間関係を円満にするものすごい効能があるのです。

「世界平和は私の笑顔から」良いと思います。

問題はどうしたらいつも笑顔でいられるかということです。これを理屈で考えると結構難しいことになってしまいます。「パブロフの犬」ではいけません。条件付きの反射では上手くいかないからです。いつも笑顔でいるクセを着けることを決めてしまえば良いのです。クセですから少し訓練が必要です。

これは体の姿勢と同じで、顔の表情に意識を向けることはそんなに簡単ではありません。特に日本の男性の場合は意味のない固定観念に縛られ、むやみに微笑むことには抵抗があるようです。

昔から、男はヘラヘラ笑うものではないとの教えもあります。この際、国際的には通用しない日本の固定観念を取っ払い、笑顔の似合う中高年を目指してみましょうよ。その方が絶対に愉しくなることを請け合いますから。それと笑顔の方が間違いなくセクシー度はアップします。「男は黙って○○ビール」は時代の遺物です。苦みばしったイイ男は映画『カサブランカ』のハンフリー・ボガートでおしまいです。

満員電車の中では、どれもこれも面白くなさそうな顔ばかりが目立ちます。ちょっと不気味でさえあります。勇気ある中年男性が女性に笑顔を送ろうものならほとんど犯罪扱いとなります。これでは出会いの場も何もありません。会話も始まりません。もしかすると、お隣には生涯の友や伴侶となる可能性を持った人物がいることだってあり得るのです。勿体ない話ではありませんか。

笑顔グセが着いたらそれこそ「鬼に金棒」です。深呼吸グセに匹敵する費用対効果の高い生活習慣です。何しろ元手がかかりません。クセですからいつでもどこでも実行可能です。

「楽しくもないのに笑えるか!」ごもっとものようですが、とんでもない思い違いです。楽しいことが起きたから笑うのではありません。楽しい「こと」は滅多にやってこないからです。笑うから楽しい「状態」になり、その結果が楽しいことをもたらすのです。

楽しいことはいつも仏頂面している人のところには来ません。そういう人には「ツキ消しジジイ」がやってきます。1度取り付いたらとても始末の悪い厄病神です。私がその昔麻雀がやたらと強かったのは、どのプレーヤーの肩に「ツキ消しジジイ」が乗っているのかが見えたからです。もちろんそれが私の場合もありました。そんな時はじっと我慢の子を貫き、おとなしく2位狙いに徹しました。

試しに1度ニコニコしながら麻雀でもパチンコでもゴルフでもプレーしてみて下さい。数回続ければ、結果は必ずついてきます。保証します。もし万が一にも結果が伴わないとしたら、それはあなたの腕が悪過ぎるだけのことです。

人間は他の動物と違い、あらゆる出来事に一喜一憂できるようです。土砂降りの雨の日は1日中憂鬱《ゆううつ》になれる人がいます。一方で、雨の中を嬉々としてずぶ濡れを楽しめる人もいます。実は私、雨に濡れるのが大好きです。2億年前にアマガエルをやったことがあるみたいなのです。カミさんに叱られるので自重していますが。

正確に言うと、森羅万象《しんらばんしょう》起きていることに良いことも悪いこともありません。単に起きているだけのことです。それをどう評価するかで人生の質はガラリと変わってしまいます。起きていることを全て良きこと、愉しいこと、嬉しいことと脳が勝手に判断するためには、そのように受け入れる体を作っておくことです。その最も簡単な方法が、笑顔を絶やさないことです。

これは経験的に言えることですが、笑顔でいる時と仏頂面をしている時では、道などで他人とぶつかった時の反応が全然違います。もちろん笑顔でいる時の方が穏やかな対応ができます。ムッとする代わりに「ごめんなさい」という言葉が自然について出やすい状態です。「ありがとう」なら変態の域に突入です。

ノロノロ運転をしている前の車に向かって「何やってんだ、このタコ！」と罵る代わりに特大の笑顔を1発お見舞いしましょう。脳波がβ波からα波に一気に変わります。「そうそう、今日は安全運動で行きましょう。ありがたいね、前の車」なんてね。車の運転で急いでいいのは、唯一愛する人の死に目に向かう時だけです。それでも、法定速度は守りましょう。

心理学的には、笑顔でいる方が「受容範囲」が広くなるということです。普段なら不都合と思えることが、難なく受け入れられるようになります。「受容範囲」とは読んで字の如しで、同じ出来事でも相手によって受け入れ範囲が変わってしまうということです。例えば女性のあなたが、先の例のように突然誰かとぶつかったとしましょう。その相手が脂ぎった中年オヤジか竹内涼真似のイケメン男ではあからさまに次の対応が違うはずです。もしも、それが本物の竹内涼真だったら、もう1度ぶつかって欲しいとさえ思うでしょう。可哀想なオヤジの場合は違います。普段はお嬢様風のあなたがプッツンした挙句、「どこ見て歩いてるんだよ、このハゲ！」なんて暴言を吐いてしまいかねません。世の中の凶悪な犯罪の多くが、こんな理由で起きていることは間違いないのです。

笑顔は攻めにも守りにも最も有効な「手段」です。こんなことは「引き寄せの法則」を持ち出す以前の問題です。誰でも直感で知っているのです。仏頂面も笑顔も単なる生活習慣（クセ）の違いだけです。

笑顔グセが着くと笑い同様に健康レベルが上がります。笑顔が日常化してくると、落ち込みグセが自然と解消されるからです。従って、健康の大敵、ストレスの軽減に直結します。

試しに、満面の笑顔のまま超ネガティブなことを考えてみて下さい。これって結構難しいのです。そうなんです。笑顔とポジティブシンキングには間違いなく相関関係があるからです。ところが、ポジティブシンキングは難しいのです。何故って、シンキングしなくてはならないからです。普通の人はシンキングすればするほど悪い方へと思考が向かってしまうのです。こんな時は、形から入るのが1番です。

元気のない人はその姿形で分かりますよね。背中が丸まり、顎が下がり、目がうつろになります。笑顔とは無縁です。元気になるには、その正反対のことをやればいいのです。背中を伸ばし、顎を上げ、眉毛を上げ笑顔を作る。これで全てがＯＫです。

最近は、いろいろな自己啓発本で「口角アップ」で理想の笑顔が作れると力説され

楽しく生きるために理由なんか要らない！
いつも笑っていればイイ！

ていますが、これはすでに時代遅れです。実は、本物の笑顔は口角アップでは不十分なのです。口角アップではお愛想笑いは演出できますが、目が笑っていないのです。目が笑うためには、頬を上げる必要があります。

頬アップは簡単な練習で獲得できます。ストローか割り箸を口に挟んで、本物の笑顔を作り、ゆっくり横に引き抜けば出来上がりです。カンタンでしょ。

女性の場合、写真撮影で目を見開くクセが出てしまいがちですが、意識を頬に置きましょう。少々目が細めになりますが、これが正真正銘のダイヤモンドスマイルです。

大概の人は毎日歯を磨く習慣がありますよ

ね。歯磨きしながら頬アップの練習ができたらしめたものです。鏡を前にして、思い切り頬を上げてみましょう。誰も見ていません。恥ずかしがらずにやりましょう。

この練習を3週間も続ければ完全に身に着きます。別に高いセミナー代を払ってまで、教わることではありません。3週間目にちょっと違う気分のあなたを発見することをお約束します。とにかく、1度やってみましょう。

つべこべ言うな！　頬アップで日本は元気！

日本の若者は人類の宝

コロナが日本に上陸する直前まで、私は週1度某大学の非常勤講師として「環境と経済」という小難しい講座を担当していました。昨今の若者世代の多くは環境問題に関心が薄く、他人事と言い切る学生が結構います。完全アウェイ状態での90分講座は、心折れることの連続でした。講師としては愉しい講座を心がけたいし、たまには笑いも欲しいわけです。

講師になりたての頃は、前日にネタを仕込んで講座に挑んだこともありました。鉄板と思われる1発ギャグをノートに書き下ろして、「(笑い) もしかすると (大笑い)」などというおぞましいキャプションを付けて、翌日に起こるはずの爆笑の渦にほくそ笑んだりしたものです。

結果はことごとく裏目に出て、完全に滑るわけです。人がこれほど「引く」ものかと思うほど、凍てついた雰囲気が漂います。３００人を超える学生が、私の会心のジョークに眉1つ動かすこともなく、シーンとなる様は不気味ですらありました。

では私のジョークがそれほど酷いものだったかというと、そうでもない節があるのです。回収したリアクションペーパー（その日の講座の印象を書いたもの）には、「先生の今日のネタは笑えました」とか「今日のジョークはツボを得ていましたね」などとシラッと書いてくるのです。

だったら笑え！　と言いたくなるのですが、とにかく反応しないクセでもついているのか、ノーリアクションを貫きます。私の講座でも、質問や意見を述べる学生は皆無でした。まあ３００人いますから、みんなで見合ってしまっていたのかも知れませんが。

間違いなく良い子ばかりなのですが、若者らしい熱気をあまり感じられないのです。みんな規格の中にきちんと収まり決してチャレンジをしない、あまりにもまとも過ぎて面白みに欠けるのです。常識派も多過ぎます。

「常識とは18歳までに培った偏見のコレクションである、とアインシュタインも言っている！」に反応全くなし。「こりゃ、暖簾に腕押し、馬耳東風だなぁ〜」これも全く通じない。ことわざ、四文字熟語は若者の間ではもはや形骸化しつつあるのでしょうか。日本に「温故知新《おんこちしん》」を取り戻しましょう。

1番悲しいことは、こんな大学卒業したところで就職には何のメリットもない、などと将来を悲観している様が見え隠れすることです。ある意味で、冷静な判断の上に立った人生設計とも言えるのですが、全てに受け身の姿勢を貫こうとする生活習慣はいつどこで培われたものでしょうか。ヤケクソ気味に言ってしまったことがあります。「もしかすると、この大学をトップで卒業してもその後の人生にとって大したパスポートにはならないかも知れない。ましてや、そこそこの成績かそれ以下で卒業しようものなら、地獄を見ることだってある。常識的に生きていたらきっと社会で埋もれてしまうぞ！」これは恫喝です。パワハラに近いです。少し前まで、講師としては最低なパワーゲームを続けていました、私も。

リアクションペーパーにはとても堅実な将来設計を描く学生がいますが、思わずニヤリとしてしまうほどのぶっ飛んだ「夢」を語る若者がほとんどいないのが寂しい限りです。本当に学歴などというつまらないものにこだわるのであれば、場外乱闘に持ち込んだら良いのに、と思ってしまいます。「いいか、私のように大学から除籍処分を食らったって国連職員ぐらいにはなれる」などと言っても返り討ちにあうだけです。「そんなこと言ったって、先生だってアメリカで結構格好いい学位取っているじゃないですか」なるほど。でもこのやり取りが口頭ではなく、紙の上というのが何とも歯痒いのです。

「よ〜し、今日はみんなで夢を語り合うぞ」ある講座で試しにやってみました。結果は悲惨なものでした。これ以上は盛り下がりようがない程、気まずいムードに包まれてしまいました。「超ウザい講座だなぁ〜、夢なんかねえよ、適当に食えて適当に生きていければサイコーです」学生たちの表情が物語っていました。

こういう白けた若者たちを作ってしまったのは時代のなせる技なのでしょうか。無理もありません。彼らは日本のバブルが弾けた数年後に生を受け、いろいろな意味で「失われた20年」とともに生きている世代です。「元気を出せ！」という方が無理なのかも知れません。

ところが、この若者たちには際立った特徴があります。それは、争いを好まない徹底した平和主義者だということです。世界中の同世代と比べてもその「優しさ」加減は図抜けています。私が常日頃、日本の若者たちこそ世界の宝と言い切る理由です。

地球上には現在約80億の人間が生息していることになっています。その１人１人の誕生の確率は年末ジャンボ宝くじ特等に数10万回連続して当選するようなものだそうです。気の遠くなるような確率でしか己は己として誕生できないわけです。これ以上の奇跡はこの世にはありません。

この当たり前のことが、今までないがしろにされ続けています。「その奇跡とやらはとても残酷です。ものすごい金持ちの家に生まれる人がいる一方、とても貧乏な家に生まれる人がいます。これは不公平です。親を選べるわけではないし！」

未だにこのような思い違いがはびこっていることが驚きです。親は誰が選んだのでもなく自分自身が選んだということは、一部の人々の間では常識になりつつあります。こんなところにスピリチュアル的思考を持ち込む必要がないほどの自明の理です。

どのような境遇を選んだかに関わらず、その人に宿った魂にはそれぞれのシナリオがありチャレンジがあるはずです。でなければ、内戦が打ち続く中東やアフリカの極貧国に生を受け、生後数日にして爆死や餓死してしまう赤子の生誕理由が説明できません。魂はあらゆる経験をしながら次元上昇していく、という宇宙の法則に従っているだけのことです。この世はデタラメ、あの世が真実と言われる所以です。

このようなデタラメの世界に生を受けながら無難に生きようなんてことがトチ狂った考えです。日本の若者は宇宙から派遣された集団メサイアなのですが、そのことに気づいているのは極わずかです。この若者たちを覚醒させ、宇宙平安のために汗を流させることができるのは、企業戦士として人生の大半を戦いに費やした団塊の世代に他なりません。

戦うことを知らない世代と戦いに疲れた世代が合体すると、世にも稀な平和構築隊が出来上がります。これほど奇妙な人口動態を有している国は地上で日本だけです。それこそが、日本が人類の窮状を救うという私の最大の根拠です。

風の時代は女性の時代

そこに是非加わって欲しいのが「無償の愛」を発揮できる女性の大デレゲーションです。何世代も先の子孫たちに平安な世の中を残すためには、どうしても女性の力が今必要です。男どもが牛耳っている世の中では、完全に平安な時代は永久に訪れないでしょう。人類の近代史が戦争から戦争の血塗られた歴史を繰り返していることからも明らかです。

残念ながら、日本はこれほどの先進工業国となりながら、女性の社会的地位が低過ぎます。ほんの少しの突出した女性たちがメディアを賑わせてはいますが、一般的には官民問わず女性の台頭はまだまだです。経団連などの賀詞交換会に参加すれば、その異常さが一目瞭然です。見えるのはダークスーツに身を包んだおっさんばかりです。気持ち悪くなるのは加齢臭だけが理由ではありません。

宇宙平安のためには日本女性の奮起が必要です。もう男どもに地球の未来は任せておけないと腹をくくりましょう。世界中に現れてしまったとても勘違いしたパワフルな男のリーダーたちをこのまま野放図にしておくと、人類はいずれトンデモナイ方向に導かれてしまいます。行き着く先は間違いなく第3次世界大戦です。それはすでに始まっているという説さえあります。

どのような母親でも、我が子を戦場に送ることなど決して望みません。かつて、日本の母親が愛する息子の戦死の報に接し「お国のためによく戦ってくれました、母は名誉に思います」と言ったとしたら、それは世の中が狂っている証拠です。あってはならないことです。それを美談として伝えるのはとんでもないことです。知覧の存在理由は正にそこにあるのです。

間違いなく女性は男性に比べたら非戦闘的です。人口の約半分の女性がリードする世の中の方がきっと穏やかに違いありません。いっそのことしばらくは地球まるごと女性に任せたらどうでしょうか。

話は変わりますが、私にはどうしても気になる女性集団があります。それは今生で子を成さない女性たちです。日本は人類史上稀な超少子高齢化時代に突入しました。

もうしばらくすると、国民の３人に１人は65歳以上という老人大国になります。かかる状況下、日本政府はこれ以上の少子化を食い止めようと躍起になっています。

私は人口学者の端くれとして、これから起こるはずの人口減少時代を歓迎していま す。人口が減ればそれに伴って経済力が弱まることは避けられません。だから日本政府はパニックに陥っているようなのですが、そもそもこの狭い島国に１億２千万強の人口は荷が重過ぎます。

私が考える日本の適正人口は８０００万人です。ザクッというと現在の３分の２です。この人数の方が国として治まりやすいし、１人１人の幸福感や死生観が大切になり、穏やかな世の中になるはずです。確かにこれから約１００年は厳しいことになりますが、この国の３００年後、５００年後のためには避けて通れない道です。今生きている全ての日本人と、これから生まれ落ちようとする赤ん坊達には、生き辛さにめげずに良い国を目指すというミッションがあります。23世紀の日本は輝かしい国となるはずですから。

このことが正しいという前提で、私の勝手な思いを語らせて下さい。

私は現在の世界人口約80億人も多過ぎると思っています。ですから、人口の自然減を経験している日本はとても重要な役割を果たしているはずです。

その中にあって、様々な理由により今回は子供を持たないという選択をしている女性の存在には大きな意味があると思っています。もちろんそれは望まない結果である女性も多勢います。

私は地球レベルの異常気象が行き着くところまで行って、さらに人口が増え続けば、人類絶滅の日は遠くないとの確信があります。それを回避する術は、緩やかな人口減少以外には考えにくいのです。

このような超人口学的な考察に立てば、今世で子供を成さない女性（間接的には男性も）はすでに日本のため、人類のために大変な貢献をしているというのが持論です。

私のカミさんは結局5回流産を経験してしまいました。もちろんこれは望んだものでは断じてありません。世の中には思いの外、産みたくても産めない女性がいるのです。もちろん自ら産まないことを選択している女性も沢山います。

日本はこのような女性たちに対してとても厳しい国です。ある大物政治家がかつて「好き勝手に生きて、女性としての責任を果たしていない」という意味不明なことを言って世間から非難されました。このような大馬鹿者が永田町を闊歩《かっぽ》していることに憤りを覚えます。

私の大切な友人がこんな話をしてくれました。ある日、職場に連れてきた赤ん坊があまりにも泣き叫ぶので、同僚がその母親を軽くたしなめたところ「あなたも子供を産めば分かる。どんなに可愛いかが」と一蹴されたそうです。母親に悪意はなかったに違いありませんが、その同僚にしてみればとても傷つく一言であったはずです。過日観たテレビドラマの中で、似たような場面がありました。私の愛するカミさんがその立場にあったら、亭主としてはいたたまらないです。

20代後半を越えた未婚女性には容赦ない言葉が浴びせられます。それがその女性のことを心配してのことだとは呆れます。本当に大きなお世話です。幸せの形は人それぞれです。もし、子供を持たない女性が悲しい思い、悔しい思い、寂しい思いに悩まされることがあったとしたら、それは大変不幸なことです。「私たちは宇宙の采配によって、すでに人類のために貢献している」ということに是非早く気づいて欲しいものです。

私はそのために「気づきのお話会」のようなものを、今世で子を成さなかったカミさんと妹に成り代わって続けるつもりです。女性救済のため、という変な思い上がりは持っていないつもりです。彼女たちは決して慰めの対象ではありませんから。ですからそれっぽい運動もしません。ゆるゆると私の思いをお伝えするだけです。それをできるだけ科学的根拠に基づいて。もしかすると、そのようなことは案外男性がする方が説得力を増すのではないでしょうか。

実はこのことに気づかせてくれたのがラナです。ラナが子宮蓄膿症を患い子孫を残せない体になった後で一言「最近フレブルが多くなり過ぎちゃったから」とケロッと呟きました。そこで気づかされました。わざわざ人口学を専攻し、連れ合いが流産を

TVで犬の出産シーンを観ながら
大粒の涙を流すラナ

重ねた亭主である私が、そのことにチャレンジしないで誰がするのかと。ラナから強烈なアッパーカットを食らった気になりました。

そのラナがテレビを観ながらたった1度だけ、大粒の涙を流したことがあります。それはラナとは違う犬種でしたが、犬の出産シーンだったのです。自分の背負った運命と重ねてしまったのでしょうか、その背中がわなわなと震えていたことを今更ながら思い出します。

ラナの弔いは、私の命が尽きるまで続きそうです。

第4章

安心して生きる

戦わないという選択肢はある

この項を書き始めようとした矢先に、トランプさんの性的虐待と名誉毀損の民事訴訟で控訴というニュースが流れたので、トランプさんについて少々語ります。

多くの日本人が予測したように、私もまさかアメリカ人があの男を大統領に選ぶとは夢にも思いませんでした。確かに対抗馬の女性の方が良かったとは言い難いので、不毛の選択を強いられてしまったアメリカ国民には深く同情していました。それでもあの品位の欠片もないと思われる御仁が勝利するとはビックリでした。

私がお世話になった1970年代のアメリカでは『All in the Family』というホームドラマが大人気でした。主人公はArchie Bunkerという気難しい中年白人男性。極端なナショナリストで白人至上主義者、キリスト教原理主義で男尊女卑を自認するという今なら超危険人物のレッテルが貼られそうですが、その憎めない性格故か大変な人気を博していました。

彼の口から偏見溢れるセリフが飛び出す度に、観客の笑いと拍手が起こることに黄色人種としては違和感を禁じ得ませんでした。こういう品のないジョークがもてはやされる背景がよく理解できませんでした。

ある日、黒人と思われる娘のデート相手が戸口に現れると、Archieは一瞥しただけで、さも当然とばかりに“Good bye”とドアをバタン。その途端の拍手喝采は今でも忘れられない、私にとっては衝撃的な場面でした。

ワシントンＤＣの目抜き通りでＫＫＫの行進を目撃したのは１９８０年のことです。唖然として佇む私の隣で、歓声を上げる群衆がありました。アメリカの深い闇を見た思いがしました。

トランプさんは現代のArchie Bunkerそのものです。ノスタルジア的存在として、熱狂的な岩盤支持層がいることはよく理解できます。一見行き場を失ったように見える人々ですが、本気でトランプさんがアメリカを再び強い国に変えてくれることを信じています。

そんなトランプさんを蛇蝎《だかつ》の如く嫌っていた私が、突然宗旨替えを強いられる出来事が起こりました。

ある日トランプさんのスキャンダルを伝えるＴＶ番組を観ていると、隣にいたラナがテレビに近づき長いこと画面に見入っていました。しかも正座です。そしておもむろに私を振り返り「この人物を冷静に観察せよ」と訴えてきたのです。

ご下問に従い、しばらく画面を眺めていると、不思議な妄想が芽生えてくるではありませんか。それは、ひょっとするとトランプさんは「人類の救世主」という大役を宇宙から仰せつかっているのかも知れない、という突拍子もないものでした。

まさかそんな馬鹿なとは思いましたが、妙な発想が次から次へと止まらないのです。ラナは黙ってそんな私を凝視していました。そんな時の眼はとても犬のものとは思えません。幸いカミさんがいなくて助かりました。奇妙な光景でしたから。

「ラナちゃん、そういうことなのか？」

口角アップさせながらすりすりと私ににじり寄りました。顔つきが普通のワンちゃんに戻っています。

私の思考は続きました。

トランプさんはそれまでアメリカ大統領としてタブーとされていた「人種」「国籍」「宗教」というパンドラの箱3つを同時に開けるという暴挙に及びました。そしてあえて傍若無人と思われる方法で人類に挑戦状を叩きつけたのではないか？　この3つの違いを巡って人類の近代史は、まさに戦争から戦争へと血塗られた時代の連続です。人類の愚かさに気づかせるために自ら道化師（ジョーカー）役を買って出たのではないかと。事実、トランプさんの任期中、アメリカは戦争をしませんでした。トランプとジョーカーで辻褄は合うのです。

つい先日、50年来の付き合いがあるアメリカ人にこのことを話してみたら、彼は頭を抱えながら「Oh My God!　そんな気の狂ったことは言わないでくれ」と懇願されました。もしかすると、こいつとはもう付き合えない、と思われたかも知れません。

正直に申し上げると、私にはトランプさんのことはよく分かりません。私は決して世に言う陰謀論者ではないので、盲目的にトランプさんを信用するものではありませんが、逆に彼を全否定する根拠も持ち合わせていません。

いずれにしても、彼の正体はやがて知れることになるでしょう。果たしてその時世界中はどのように反応するのでしょうか。個人的にはワクワクしながらその時を待つことといたします。でも間違ってもこの世は全てトランプさん任せ、のような依存体質は持たないことです。私の周りにもいるのです。「人類の未来はトランプさんがなんとかしてくれる」と本気で信じている人たちが。

トランプさんが「救世主」か否かはともかく、人類は今未曾有のピンチに陥っています。大いに勘違いした屈強なリーダーたちが世界中に一気に出現してしまいました。これはまずいことです。全員パワーゲームが大好きです。暴力的でさえあります。特に超大国にそのようなリーダーが同時に生まれてしまったことは怖いことです。狐と狸の化かし合いが続いていますが一触即発です。

せめて日本ぐらいはクールに目覚めましょう。

絶対に戦争をしない国、穏やかで安全な国、健康で文化的な生活を送れる国、物心両面で豊かな国。何のことはありません。他国と比較すれば、日本はすでに全部手に入れています。『世界がもし１００人の村だったら』（マガジンハウス）という名著によれば、ほとんどの日本人は世界のトップ5番目以内に入ります。

それでも、国内問題は深刻です。打ち続く災害（次の巨大地震はいつ）、バブル以降の経済停滞（大恐慌は来るのか）、超少子高齢化社会の到来（国力低下はいつまで続く）、などなど不安要素は満載です。

このような有事にはお金の使い方がとても大切です。

絶対に他国と戦闘状態に陥らないことを国是とする。その前提でできもしない戦争のために蓄えている国防費という名の戦争準備金をゼロとして別の用途に使う。一体オスプレイ1機分でどのくらいの緊急災害援助ができることでしょうか。

本当に「戦わない」という選択肢がないのでしょうか？

今日本中で縄文ブームが起こっていますね。１万年の長きにわたり、人々はたおやかに自然とともに生き、貨幣を持たず物々交換をして争うことはなかったと伝えられています。

「うばい合えば足らぬ、分かち合えば余る。うばい合えば憎しみ、分かち合えばやすらぎ」の縄文の心に今こそ世界は学ぶべきです。

お金のことは宇宙銀行にお任せ

私は元国連職員として現在の国連の有様には憤りを感じています。本当は地球上で起こる紛争は全て、国連のリーダーシップの下収めてくれることを期待したいものです。残念ながら、もはや機能不全に陥ってしまった国連をどのように変えていったら良いのでしょうか。

その鍵は、やはり日本が握っていると思うのです。

唐突ですが、新たな国連組織を日本の手で作るというのはどうでしょうか。その役割は、国連を穏やかに話し合う場に戻すことです。従って、主な活動は喧嘩の仲裁です。そのために腕力は絶対に使いません。あくまでも冷静な話し合いで解決します。組織の仮の名前はＵＮＳＯ（United Nations Spiritual Organization　国際連合スピリチュアル機構）でどうでしょうか。スピリチュアル＝心の世界、心と心、魂と魂で語り合うことができれば、どのような争いも穏やかに鎮めることができるという極めてナイーブな発想です。

夢物語と言われそうですが、日本だったらできるような気がするのです。確かにそんなに簡単な話ではありません。このような企てが発覚すれば、必ず反発する国やグループがあります。まともなアプローチでは絶対に無理です。近隣諸国からは袋叩きに合うのが関の山です。

新たな国際秩序の設立にはいろいろなものが必要となります。政治力、人材、知恵、技術など。そして何と言っても最後の決め手は財力です。お金の力で全てをねじ伏せることが1番の近道ではないでしょうか。

かつて、この活動を知って頂くために、いくつかの講演会やセミナーを開催しました。活動費を獲得するために寄付を募るなど常識的なアプローチをいくつも企画しました。ただそれをいくつ重ねたとしても、一定の成果に到達するまでには膨大な時間を要することはすぐに窺い知れました。私の寿命が持たないことも。

するとお宇宙《そら》からラナが呆れ顔で現れたのです。そして諭すように私に言いました。

「ラナちゃんパパはまだ全然変態になりきっていない。いつまで非現実的な妄想を続けているのですか。話を簡単にしましょう。パパはこのＵＮＳＯ設立のために一体いくら必要なのですか。それがはっきりしたら具体策は自ずと生まれます。狂気の沙汰振りを今こそ発揮して下さい」

実は、私にはＵＮＳＯ設立のためにいくら必要かは分かっていました。


１兆円です！


この数字には意味があります。ラナが元気だった頃、いくら積まれたらラナを手放せるか、というペットと暮らす者にとっての究極の自問自答をしたことがあります。可愛いペットが誘拐されたら、身代金をいくらまでなら出すか、などという途方もないことを飼い主は考えます。えっ、もしかして私だけ？

もちろんラナは私にとってはプライスレスなのですが、さすがに１兆円を目の前にしたら、命との引き換えでなければ「ラナちゃん、ごめんね」と間違いなく言っていたと思います。１兆円なら魂も売ります。

あまりの巨額のため人に言うことをためらっていました。非現実的で気が狂っていると思われることを恐れていました。でも１兆円必要なのです。

国際機関が何故ダイナミックに活動できないかというと、財源がメンバー国の寄付で賄われているからです。どうしてもスポンサーの意向が最優先されるという宿命があり、結局政治的な動きに終始することになるのです。

この１兆円は完全に無色透明であることが肝要です。特定の国や地域のためでなくこの惑星全体のためにお金は使われねばなりません。

さて、この１兆円をどのように作りましょうか。ラナの言う正気の沙汰を発揮しつつ、１番足の速い方法を一生懸命に考えました。まあラナにしてみればそれが滑稽だったに違いないと後で分かりました。

クラウドファンディングは論外でした。１００万円を集めるのだって大変です。寄付をお願いするのも同じことです。万が一にも、奇特な金持ちが1億円の寄付を申し出たとしても、そのような酔狂な人を1万人集めなければ1兆円には到達しません。無駄な努力です。

ラナが再びイライラし始めました。

「何故日本規模で考える。地球規模、宇宙規模で考えれば自ずと答えは1つのはずでしょう。地球だけでも80億人いるってパパの講座でもやっていますよね。これ以上は自分で考えて下さい。とにかく急ぎましょう」ラナから喝を入れられました。

そうなのです。金はあるところにはあるのです。そのあり余るところに辿り着けば1兆円は大したお金ではなくなる可能性はあります。中途半端な金持ちではなく、あり過ぎてその使い道がもう果ててしまったような超金持ちが対象です。つまり「1兆円は端金」と言い切る金持ちに到達すれば、ことは一気に進展します。

「どうぞ私に1兆円を下さい」とお願いします。寄付ではなく頂戴するのです。しかもその見返りはありません。たった一言「その1兆円であなたの名前を人類史に刻むために、最大の努力を尽くすことだけお約束いたします」

これが1兆円を手に入れる最も早道で、現実的な方法であるとの結論に達しました。気がつくのが遅過ぎます。ラナも苦笑いです。

それ以後、超怪しい人物を含めてですが、1兆円に繋がる人脈があるとの情報が結構舞い込みました。

「私ではないのですが、知り合いの知り合いにとてつもない大金持ちがいて、その人ならば1兆円ぐらいは都合できるかも知れません」などなどで、いろいろと愉しくはなってきていました。

そして、ついにラナからの妙なお告げに従ったところ、なんと宇宙銀行頭取を名乗る関西在の少年と出会いました。宇宙銀行については、世界的ベストセラー『The Secret』の中でも紹介されています。

その不思議な小学4年生は、最近やたらと増えてきた胎内記憶を超えて宇宙記憶を持つ子供の１人らしいのです。その子から宇宙銀行についていろいろと学びました。

以下に学んだことを簡単にまとめてみます。

宇宙銀行には普通の市中銀行同様ＡＴＭが存在し、それがどの人間にも等しく目の前にある。それをまず認識すること。全てはそこから始まる。目には見えないＡＴＭから好きなだけの金額を引き出すために、勇気を持って拳を振り落とせ。ボタンを押すのではなく拳を叩きつけろ。

ただし、それができるようになるためには１つだけ条件がある。

それは「徳を積む」ことである。毎日良いことを考え、良いことをする、ただそれだけ。利他の精神とともにあればＡＴＭから好きなだけお金を引き出せる。金額に限界は何もない。宇宙銀行には無限のお金が存在する。

ただし、１兆円を現金で宇宙銀行から送るのは得策ではない。宇宙銀行ルールによれば、送金は全て月経由となり、大気圏突入と同時に燃え尽きてしまう。それを避けるためには、ダイヤモンドのサランラップで包装する必要が出てくるが、かさばりもするのでかなり面倒となる。

そこで、宇宙銀行の計らいで、私の元に「1兆円は端金」と言い切る大金持ちを送り込むか、1兆円相当のダイヤモンドか知恵か技術を私に授けてくれる企画が用意される。いずれにしても、近々私の元に1兆円相当の「何か」がやってくるから、楽しみに待っていろ。


以上が宇宙銀行頭取から教わったことです。ハイハイ、全てが荒唐無稽です。姿形は小学4年生ですから、馬鹿馬鹿しいと言えばその通りです。イイ歳をした大人が、歳の差60も離れた孫のような子供の言うことを鵜呑みにするとは、と呆れられることは重々承知ですが、私にはこの子の言うことを全否定する根拠を持っていません。もちろん積極的に信じる根拠もありませんが。

分かっていることは、私がこのことを信じないことで何1つ得るものはないということ。逆にこのことを信じることで失うものも何もないということ。私の頭がおかしいことは今に始まったことではありませんが、気は確かです。

だったらこの話に無邪気に乗ってみたらと思った次第です。実は最近この話を受けて「宇宙銀行ワークショップ」なるものをさるパートナーとともに開催していますが、これが大人気なのです。

前回のワークショップでは、参加者の１人がなんと数10京円の見積もりを叩き出しました。これは全人類の資産額をはるかに上回ります。

お金を必要としない時代はもうチョット先のようですから、こういう変態気質をフルに発揮しながらお金に支配されたり翻弄されたりしない自分を形成してみませんか。

限界突破だ〜〜〜〜！

パパの仕事は在地球宇宙人

11年前に国連を定年退職して以来、名刺の肩書きはしばらく「講師」としていました。ある著名な自己啓発系講師のお勧めに従ったのです。確かに、大学で講義をしたり、公開のセミナーでお話したりするので、講師というのは大変都合のよいタイトルです。

ところが、名刺交換を何度も重ねていくと、かなりの人が講師を生業としていることが分かりました。ひねくれ者の私は、どのジャンルに関わらずワンオブゼムが死ぬほど嫌いなのです。速攻で「講師」の肩書きからおさらばしました。

しばらくは肩書きなしの名刺を携えていましたが、これも突然ラナから「いっそのこと『宇宙人』をパパのお仕事にしてしまったら面白いと思うよ」何という発想でしょうか。そして今、私の名刺の肩書きは「在日宇宙人」を経由して「在地球宇宙人」です。「これって何ですか」とよく訊かれます。「それは私の職業です」結構勇気が要ります。

コロナ前までは、我が名刺を見て明らかに不快感を示す人がいました。こんな気持ちの悪い人とは関わるのはよそう、という至極まっとうな人種です。このような人は見た目でも分かりますから、なるべく名刺交換をしないようには心掛けていました。

ところが最近、「在地球宇宙人」に激しく反応する人が沢山出て来ました。「ヤッパリそうですか。一目見た時からあなたはプレアデスと分かりましたよ。ちなみに私はシリウスですが」などとあらぬ方向に話が及びます。

つい先日、初対面の男性がじっと私の顔を覗き込みながら、

「思い出しませんか?」といきなり言うのです。

「一体何をですか?」と私。

「何をって、アトランティス時代に一緒にシャスタ山の地下に潜ってパルチザン活動をした仲じゃないですか!」

「ええ〜っ」

なんだ、この世界!

私を遥かに超える変態たちが続々と現れ出しました。

別のご婦人からは、

「あなたが拳を上げて『俺は必ず復活する！』と叫びながら沈んでいくところを見てたわよワタシ。あれはムー大陸だったわ」と言われました。どこから見ていたのでしょうか？

何が何だか分かりません？？

またある著名なサイキッカーから、

「あなたが人間としての過去世を思い出したことは今生とても重要なことです。おめでとうございます。そして、今あなたは『宇宙平安』などという大胆な発想を掲げていますね。ということは、今後あなたは宇宙的視野で活動するわけですね。それにも関わらず、あなたが宇宙人だった頃の記憶を全く持っていないことは致命的です」

と言われた翌日から、レムリアの女神を名乗る女性を始めとするレムリア軍団がドドッと周りに集結しました。宇宙人の記憶の前に、レムリア時代の記憶を取り戻す必要があるということで、誘導瞑想とやらでレムリアらしき所に誘われたことがあります。

そもそもレムリアって何？

薄ぼんやりと見えた光景は奇妙なものでした。緑一色の草原を、5歳ぐらいの私らしき子供が、恐竜の形をしたリュックを背負ってひたすら走り続けている、というものでした。他の人たちには、クリスタルの宮殿とか巨大な御神木のようなものが見えたそうです。本当か～？

このような背景もあってか「在地球宇宙人」は少しずつではありますが、増殖傾向にはあるようです。残念ながら、今のところ還暦オーバーのオヤジたちには全く相手にされません。

今日まで「在地球宇宙人の集い」なる催し物をオンライン／オフライン合わせて30回近く開催しました。全国展開しかけたところで、コロナが来てしまいました。コロナがなかったら２０２０年にオーストラリアのゴールドコーストで「在豪宇宙人の集い」をやる予定でした。

２０１８年7月4日に開催した「第1回在日宇宙人の集い」は思わぬ形でスタートしました。

その日から遡ること3週間前。カミさんと近所の蕎麦屋で伝統のカレーライスを食べていたところ、突然ラナからのメッセージが舞い降りて来ました。

「のんきにカレーライスを食べている場合ではありません。パパは何故『在日宇宙人』というスーパーフレーズに出会いながら動かないのですか？　意味が分かりません。今日のメッセージはすぐ『動け』です」

「動け」と言われてもどうすればイイのか。しばらく考え込みましたが、カミさんが食べ残したカレー南蛮ソバを食べ始めた途端、箸がピタリと止まりました。そして、おもむろにｉＰｈｏｎｅを取り出し、一気に「在日宇宙人の絆」というフェイスブックグループを作成しました。のんびり屋の私にしては極めて素早いアクションです。

驚いたことに、その後蕎麦屋に居座った10分ほどで、メンバー希望者が一気に50人に達してしまいました。矢も盾もたまらず自宅に戻り、今度は「第1回在日宇宙人の集い」を開催すべく、表参道にある公共施設の空室を探しました。

首尾よく、2週間後に30名入る会場を確保できました。即座にフェイスブックのイベント欄にその旨の投稿をしました。かつてと違い最近は集客がとても難しくなりました。こんな不気味な集まりに一体何人参加してくれるのか、ちょっとばかり不安はありました。

ところが、どうしたことでしょう。次から次へと「参加する」ボタンが押され始めたのです。そして、翌早朝には定員2倍以上の70名に迫ってしまいました。「興味あり」に至ってはなんと500名超えです。そのうちの半数近くがフェイスブックでは繋がっていない人たちです。すぐに満席御礼としました。

平日開催が幸いして、広めの会場への変更はすぐにできました。この結果にニンマリしているとラナから「不十分です。大阪でも開催して下さい」とさらなるご下問がありました。速攻で新大阪駅近くの馴染みの施設に連絡をすると、これまたタイミングよく金曜の夜間が1部屋だけ空いていました。

結局第1回目にはちょうど60人が集まってくれました。やはり半数は初対面の方々でした。しかも集まったのが奇人、変人、超人を絵に描いたような面々。もしかしたらホンマものの宇宙人が集まってしまったのではなかろうか。宇宙語が飛び交ったらどうしよう、などという不安に駆られました。

極め付きは、開始直前に現れた気品高き女性でした。なんと大きなタワシで作られた亀（亀の子ダワシと呼ぶべきか）の首にリードをつけて、まるでペットと一緒かの如く悠然と入室したのです。そして一言「今日の宇宙人さんの会はこちらでよろしかったかしら」と最前列席のど真ん中にご臨席されました。

私はこの瞬間今日の集いは終わったかも知れない、少なくとも意図するものとは違うだろうということを覚悟しました。

ところが、ところが。

たった2時間のプログラムですから全員に語って頂くことはできず、挙手で19人を募り、それぞれの「在日宇宙人」論を披露して頂きました。私はあらかじめこの会は本物の宇宙人の集まりではなく、参加者は全員「在日宇宙人」という前提で、宇宙平安をどのように達成したらよいかそれぞれの秘策を伺う会であることを明言いたしました。

そしてお1人ずつのプレゼンが始まりました。19人が19通りの奇妙な切り口で語り始めたのです。中には過去の悪行懺悔のようなものまでありました。参加者は固唾を呑みながら話の展開を待ちました。

すると、何ということでしょう。最後の落とし所になると19人全員が異口同音に「宇宙は、愛と感謝と調和で平安に満たされる」という共通のフレーズで締めくくったのです。

奇しくも私が意図していたそのものです。私は驚きとともに感激を禁じ得ませんでした。日本は満更ではありません。一声でこれだけの変態たちが集まるのだから、宇宙平安は決して絵空事ではないと思わせてくれました。

この勢いはそのまま大阪でも続きました。もうこれは全国展開する他ないという結論に至りました。

人類にとってその多様性は大切です。国もあって構わないでしょう。国家という概念は古代メソポタミアにはあったようです。その後、人工的な国境が次から次へと誕生し、今や200近い独立国なるものがこの星には存在します。

その中で、今まで1度も内戦や内紛を経験していない国はありません。この瞬間でも、地球上では様々な争いが続いています。わずか160年前まで日本は数ある藩の集合体で、勢力争いに明け暮れていました。今なら埼玉県と岐阜県が命の奪い合いをするようなものです。あり得ませんね。

そのようなプロセスを経て日本という統一国家が出来上がったことは、何を物語っているのでしょうか。

200近い国家を超えて統一世界は可能ということではないでしょうか。地球は大宇宙の1ピースに過ぎないという発想です。地球規模では地球人という発想。さらに宇宙規模では「在地球宇宙人」という発想が何よりも待たれます。
同じ人間同士でどうでもいい違いを巡って傷つけ合うのはもう沢山です。

一度だけパパの講演会にラナも参加したよ

高熱が教えてくれたこと

昨年2022年2月の1ヶ月間、私は高熱の波状攻撃にあいました。37度後半から40度台の熱がまるでジェットコースターのように上下運動を繰り返したのです。後で分かったことですが、オミクロンに罹っていたようです。コロナの兆候は全くなく、ひたすら熱が続いたのです。食欲が衰えることもなく、味覚障害もありませんでした。間違ってもこの熱で死ぬことはないという確信はありました。しかし、3週目あたりには「ここらで、老人枠の人は救急車を呼ぶな」と思ったほど厳しい熱でした。流行病に罹っても自力で治すと決めていたので、医者の面倒になるという選択肢はハナからありませんでした。と言うより、病院に運ばれると「年寄りのクセにノーワクチン」が発覚してしまい、厄介な患者になりそうでしたから。

この熱は、私がいつかちゃんと死ねることを自覚するには十分でした。自身の死について臨場感を持って意識した初めての体験でした。

死を身近に感じた途端、何故だかとても愉しくなる自分を発見してしまったのです。高熱にうなされながら「これからはもっと愉しくなるぞ〜。今まで大切だと思っていたことがもうどうでもいいな〜」投げやりに聞こえるかも知れませんが、私が一皮むけた瞬間です。

どうでもいいことの代表がスピリチュアルという世界でした。「スピリチュアル系国連職員」の肩書きで本を3冊も出版したほどですから、私にとってこの世界はとても大切なものでした。

でも気づいてしまったのです。この世の中に存在するものでスピリチュアルでないものは何もない。そんな当たり前のことを、わざわざスピリチュアル系などと気取っていたバカさ加減に。

むしろ、世の中全てのことがどうでもよくなると、人としてやることが定まります。それこそが、先人たちが言っている「中今」つまり「今」と「ここ」だけに生きるということです。できることなら、元気に爽《さわ》やかに愉しくね。大谷翔平という超が付くほどのロールモデルが日本に誕生したのも偶然ではありません。

「今ここにありがとう」で全てはＯＫです。

それよりももっとすごいことに気がついてしまったのです。今世で元気に愉しく生きているつもりですが、結局今の私はアバターだということです。前にも言いましたが、この世はデタラメだからです。誕生の「誕」の字を辞書で調べると第一義は、なんといつわり、あざむく、でたらめという意味です。つまり、オギャーと生まれてから死ぬ日（命日）まではデタラメでイイということです。本当の命はあの世に行ってから発揮されます。つまり「この世」はデタラメ、「あの世」が真実なわけです。

では、アバターである私は「この世」で一体何をしているのでしょうか？

まあ、そこそこ一生懸命に生きて来たという自負はあるのですが、熱が「この世」は「あの世」のための「予行演習」であることを思い出させてくれました。一瞬でしたが、高熱の最中に来世の私を垣間見てしまったような気がします。

熱はかなり辛かったですが、この発想に至った時、残りの人生が滅茶苦茶に愉しくなる気がして、思わずガッツポーズなどとってしまいました。拳の上げ方があまり力強くなかったのはご愛嬌でした。

「予行演習」でイイんだ。大変シンプルです。予行演習だからやり方は人それぞれでイイんです。世にも稀な善人役を選ぶ魂もあれば、それこそ鬼畜の所業としか思えない悪事を体験しておくという選択をする魂だっているわけです。

だからこの世から戦争が無くならないのも仕方のないことかも知れません。凶悪犯罪が減らないのは、そういうことかと無理矢理にでも腑に落とそうとしています。所詮アバターがすることですから。

この高熱から学んだことは、もう1つ別の意味で、私の残りの人生にとって貴重な贈り物となりました。身体は神秘的な小宇宙と再認識いたしましたから。

発熱の数時間前、私は自身4作目の『な〜んだ、君も在地球宇宙人か?』（ヒカルランド）を書き始めていました。この本で、私は大胆な人類の未来予測を語るつもりでいました。その是非については葛藤を抱えたままの執筆開始でした。思いのまま自然に任せることにしました。

そこにいきなりの高熱です。時節柄、コロナを疑いました。ここからは誤解を恐れずの発言となります。中には気分を害される方もおられると思いますが、平にご容赦下さい。

私はコロナに関しては初めから懐疑的な立場をとっています。この流行病は誰かの企画であり、本当にコロナが存在することすら疑っています。誰の発案、企画かは謎ですが、全人類を巻き込む見事な演出力は認めざるを得ません。

そんな私ですから、コロナに罹《かか》ることは待ち望んでいたことでした。コロナは単なる風邪に過ぎないことを我が身をもって証明したくて、ウズウズしていたほどです。

2~3日中に見事に克服して、それ見たことかとフェイスブックに投稿することを目論んでいました。実際、即効で服用したイベルメクチンが功を奏したようで、すぐに37度台まで熱が急降下しました。

よし、よし、よしとばかりに記事の文言や、熱にうなされている最中の写真なんか用意し始めたりしていました。

ところが、ところが、翌日には40度に迫る熱が復活してしまったのです。

う～む、これはちょっとヤバい展開となるのか？　私の思考が変わり始めました。ひょっとして、この熱は書き始めた本に待ったを掛けに来たのではないか？　私の思惑通りに書いてはいけない、と警告を発しに来たのではないかと。これは私得意の勝手な思い込みなのですが、何故か異様にムカつきました。

ふざけるな！　上等だ！　とばかりに、我が体内の37兆とも60兆とも言われる細胞達に一斉号令を掛けました。

「皆のものよく聞け～！　我が体内に邪悪な存在潜入せり。全員武器を携え、こいつを蹴散らせ！　エイエイオー！」とやってみました。

ところが、熱は一向に下がりません。それどころか、37～39度台の熱が私の体を弄ぶが如く乱高下というか波状攻撃が容赦無く続くのです。そして前述の私の「死」と向き合う瞬間へとたどり着きました。発熱から3週間目のことでした。

我が細胞達は一体何をしているのか？　業を煮やした形で、私は体内の隅から隅まで巡回視察をしてみました。

その結果は驚くべきものでした。

私が全ての細胞にこの不穏分子に対して勇敢に戦えと命じたにも関わらず、誰1人として戦っていなかったのです。私が邪悪な存在と決め込んだ「侵入者」を真ん中にして細胞達全員が車座になって穏やかに話し合いをしていたのです。

一体どういうこと？　私の命令に全員が背いているということ？

こともあろうか、リーダー格の細胞がこの招かざる客を「君」呼ばわりしているではありませんか。確かにコ・ロ・ナを重ねると君という字にはなるのですが。

談合は極めて穏やかな調子で進んでいます。

「君の今回のやり方はちょっと強引過ぎたけど、我が家主（私のこと）はもうちょっとでとても重大なことに気がつきます。それもこれも君のおかげです。同志を代表してお礼申し上げます。我が家主は宇宙平安を目指す中で、一切の争いはご法度であると人には言っておきながら、自分のこととなると戦う気満々になる癖があるのです。どのような場合であっても戦う姿勢を取ってはいけないことをこの機会にはっきりと自覚しなければ、我が家主の残りの生涯は大した意味がありません。そのような事情ですので、家主の気づきが臨界点に達した頃を見計らって、そっとその体から抜け出て下さい。長い間ありがとうございました」

な〜んだ、そういうことか。身体ってすごいね。私の身体は初めから知っていたのです。私が敵と思い込んだ存在が、実は味方で大切な知らせを伝えに来た宇宙からの使者であることを。つまりラナの化身だったことを。

ラナに厳命されたルルが、熱でうなされている最中もジッと私を見つめながらモニターしている様子を思い出します。

世界平和だとか宇宙平安だとか高所大所から話をし始めていますが、この項を書き

パパのことはルルが守る！

ながら私の日々の役目が随分とハッキリしてきました。本書でも講演会でも普通の感覚の持ち主からすれば、とてもおかしなことを言っていることは私も自覚しています。

くどいようですが、私の頭がおかしいのは今に始まったことではありません。読者諸氏には諦めていただくしかありません。頭はおかしいですが、気は確かです。ここは肝心なところです。ここからしばらく意図的に「気」を「氣」に変えます。

私はこの流行病の最中の世界中の狼狽《うろた》え方や、日本人の体たらく振りについてとても不思議に思っていました。今回よく分かりました。

それは、日本人は思考主義者というか現実主義者の集団で、ある脳科学者の見立てによれば日本人の70％は目に見えない世界を信じない、らしいのです。これは驚きです。人は死ねば一巻の終わりと考えているのですから。私などは、それでは生きていても愉しくないのではないかと余計なことを考えるわけです。

日本人の多くは頭脳明晰、思考の世界ではとても優れています。それが現在の日本を作って来たことは間違いありません。でも時代は完全に変わっているのです。夜の時代から昼の時代へ、地の時代から風の時代へ、物の時代から心の時代へと移っています。

そうした視点から広く世の中を見回してみると、思考は働いているものの、肝心な氣を失っている人が沢山います。氣絶している状態です。

そうであればテレビや新聞報道を鵜呑みにしていること、安全かどうか不明な注射を打ちまくること、健康には間違いなく悪いマスクを未だに外さないこと。全てが説明できます。

そうなんです！　氣を失ったままの人が多過ぎるのです。氣がなければ気合い（氣愛）を入れようがありません。元氣も本氣も根氣もないのですから。

私の日々の役割は、氣を失っている人を1人1人起こしていくことと決めました。特に定年後の男性で、氣力がないどころか氣そのものを失いながら余生を過ごそうとする膨大な数の認知症予備軍に大喝を入れていきます。1人1人に愛あるビンタを張り続けることで、氣愛を注入して参ります。

宇宙に代わってお仕置きよ！　というかむしろアントニオ猪木に代わって魂氣注入ビンタを正確に張れるように、毎日腕立て伏せをして上腕と三角筋を鍛えています。

ご覚悟あれ！

全ては気のせい、勘違い、思い込みだから

どこかの偉い人が「この世に真実や事実はない。あるのは認識と理解だけである」と言ったそうです。確かに最近の流行病もロシア・ウクライナ戦争も本当のことは誰も知らないし、永久に分からないことです。100人いれば100通りの事実かも知れない認識があるだけです。困ったことに、それぞれが自分は正しいと思い込んでいることです。つまり世の中は全て「気のせい」でできているということです。

そして私は、

ついに、私そのものの存在すら気のせいだと気がついてしまいました。73歳の私。何か悟ってしまったのでしょうか。ちょっと早過ぎるような気もしますが。

実は肝心なことはこれからです！

確かに、世の中全ては「気のせい」「勘違い」「思い込み」というのは暴言であり、

あまりにも刹那的過ぎるので、私自身に一石を投じるつもりで言います。

ジャ～～～～～～～～～～～ん!!

この世にたった1つだけ、宇宙の絶対存在として「気のせい」でも「勘違い」でも「思い込み」でもないものがあります。

それは「愛」だ❣

もう1度言わせて下さい。

この言葉を昭和ド真ん中男が発することが、どれだけ照れることか。でももう私には照れている暇はないんです。人類の土壇場に差し掛かっていますから。後どれだけ生かして頂けるかは神のみぞ知ることです。私は私なりの覚悟を持ってあらゆる機会に愛を語り、愛を叫ぼうと決めちゃったのです。面倒臭い奴となることを是非ご容赦願います。

それでは肝心の愛って一体何？

古今東西の哲学者が愛をいろいろな表現で語りますが、よく分かりません。いっそのこと、世の中に存在するものは目に見えるもの見えないものに関わらず、全て愛、でどうでしょうか。あまりにもいい加減過ぎますか。

「愛」の定義は人それぞれで良いと思うのですが、前に言ったように、この国には「愛」を真面目に語り合う場が極端に少ないです。「愛」をテーマとすると、集まるのはほとんどが女性です。男性企業戦士たちにとってこの言葉は禁句なのでしょうか。確かに会社内でこの言葉が飛び交ったらややこしいことになりそうですが。

「あんた、そこに愛はあるんか？」は素晴らしい問いかけです。でもこのＣＭは日本一の金貸し企業だからパロディとして成立しているのです。これが、例えば天下のトヨタあたりが打ったらどうなるでしょうか。「胡散臭い！」の一言に尽きてしまうのではないでしょうか。

これって悲劇的です。「愛」がパロディやジョーク化してしまっては、この国の「在り方」が狂ってくるからです。

そんな私が何を血迷ったのか、数ヶ月前につまらぬ実験をやらかしてしまいました。よせば良かったのです。

その日敢えて還暦オーバーの男性30人程に無理矢理集まって頂き、私流に「愛」を語ってみたのです。予想に違わず、会場はドン引き状態でした。冷ややかな雰囲気しか漂って来ません。覚悟の上ですから仕方ありません。

ひとしきり話が終わった頃合いで、後方に座っていた70代と思われる方が苦虫を潰した顔で立ち上がりました。最初からこの御仁が1番斜に構えて私の話を聞いていることは分かっていました。

私を指差しながら興奮気味に語り始めました。しかもアンタ呼ばわりです。「アンタ、さっきから訳のわからないことばかり喋っているけど、アンタの目的は一体なんだ？」よほど腹に据えかねたのでしょう。大声です。鬼のような形相です。何と切り返そうかと思うまもなく、二の矢が飛んできました。
「アンタ、まさかこの後、我々に壺を売りに来るつもりでもあるんか？」

この場は救世主が現れてくれて、何とか凌《しの》げました。恐らくその会場では最長老と思われる方が、「まあまあ、イイじゃないですか。私は去年生死を彷徨《さまよ》う病に罹《かか》りました。そのせいか何となくですが、この方の仰ることが理解できます。今日は元企業戦士ばかりで、愛といえば愛社精神一筋で定年を迎えてしまった連中だけですので、このテーマがそもそも苦手なんです。ご案内頂いた世界をこの段階で受け入れると、今までの生き方を全否定するようで嫌なんです。今日はちょっと語る場所をお間違えになっただけです。あなたの話を必要としている人は沢山いると私は思いますよ」

結局この実験は実態把握という意味では大成功でした。私はアバターではありますが、今世でやりたいことが沢山あるということですから、ウカウカと死んでいる暇はありません。

立教大学名誉教授濁川《にごりかわ》孝志先生は、大学の講義で日本の霊性を語るという我が国では型破りな教授として知られています。その濁川先生から「愛を単純に体現するにはハグが1番だと思う。萩さん、あなたは名前をはぎわら（HAGIWARA）からはぐわら（HAGUWARA、英語ではHUGWARAか?）に変えてみたらどうか。つまり、I（私）をU（あなた）に変えるということ。そして萩さんが主催する講演会のフィナーレはいつも参加者全員でハグしたらイイと思う。

I（愛）がなくなると困るから、それを1番後ろに移動してHAGUWARAI（はぐわらい）というオチはどうだろうか」

このご下問に従い、大小に関わりなく私が主催する催し物の最後はハグで締め括ることになりました。皆さん、ご用意はよろしいかな！

どうかこの果てしない勘違い野郎とよろしくお付き合い下さい。

愛って一体なに？

エピローグ

せっかく最後までお読み頂いたのに、結論がこの世は全て「気のせい」「勘違い」「思い込み」では身も蓋もありませんね。しかも私がここに至ったのは全て犬の導きでは付き合いきれませんよね。

そうなのですが、私は73年の人生の中で今ほど真剣なことはありません。私は高校2年の時に、一流大学には合格しないという近未来が見えてしまい、それならば「得体の知れない存在」を目指すと決めました。そして、生涯を通じて、頑張らず、必死にならず、もちろん命懸けにもならず、常に愉しく愚直に真剣に生きるという契約を交わしました。

73歳にして何と不真面目な、と叱られるかも知れません。でも最近の波動の研究によると、不真面目は真面目よりはるかに波動が高いことが分かってきました。風の時代の価値観は地の時代のそれとは違って当然です。

最近ある著名な心理学者が言っています。
人は真剣になればなるほど軽くなる。
真剣が深刻になっては元も子もない。
今の時代は如何に軽いかが大切。
つまり、頑張るとか必死さが垣間見られる間は
その人はそれほど真剣ではないということ。

人は何事においても明るく、元気で愉しい方がイイに決まっています。それこそが本当の覚悟というものです。自信などあまりなくても覚悟さえあれば人生はＯＫです。この世に生きている限りはアバターといえどもそれなりの覚悟はあった方が愉しいです。

こんなことを犬に教わるなんて頭がおかしいですよね。

昨年2022年、私は五黄の寅の年男（1950年生まれ）ということで期するものがありました。1月には名古屋で講演会があったのですが、その晩にラナからお告げがありました。「熱田神宮に行け！」と。

翌朝、地元の有志たちに付き添われ、熱田神宮に初めてお参りをいたしました。ケニアでの経験以来、神様はとても苦手で宗教心にも薄い私は、神社仏閣を頻繁に訪れるという習慣がありませんでした。

72歳の年男の節目に宗旨替えせよ、とラナから迫られてしまいました。この機会にそれまでの非礼を詫びながら、古稀を過ぎてなお元気に生かされていることに感謝することにしました。

本殿に向かい、私史上初めてお札を賽銭箱に投入しました。うやうやしく姓名、住所を名乗り、手を合わせた途端予期せぬことが起こりました。感謝の言葉をいくつか用意していたのですが、ついて出たものは意外な言葉でした。

もうあきらめました。

あなたに全てを委ねます。
宇宙平安のためであれば、
この私を何なりとお使い下さい。

何と苦手な神様に向かっていきなり白旗を挙げるとは。私自身とても驚きました。むしろ開き直ったのかも知れません。これって私の宣言、それとも覚悟。最近私はよく「宇宙平安」という大胆なテーマを掲げ始めていますが、それを神様に投げかけてしまうのはあまりにも傲慢なことです。

これも全てラナの筋書きと思われますが、この熱田神宮でこのタイミングでの宣誓は我が人生で必要なことでした。

その後、私の「覚悟」の試され方がすごかったです。前章の2月の高熱に始まって、3月には香取神宮、5月には鹿島神宮にて強烈な檄を受けました。その後すぐに、猿田彦の化身としてアマガエルが数億年の時空をワープして我が家にやって来ました。本当はラナの化身だったのですが。

そのアマガエルはちょうど1ヶ月私を試し続けた挙句、忽然と消えました。このカエルについてはいつか絵本にしたいと思っています。

そんな私が今「在地球宇宙人」の看板を背負い、全国を彷徨いながら宇宙平安に向けて同志（変態）と出会う旅人を続けています。

私とラナの異常な関係性は、信じるか信じないかはあなた次第です、としか言いようがありません。まともには考えられないですよね。まあその辺が変態の変態たる所以かも知れません。

この本は、コロナ前だったら出版できないほどバカバカしいものです。でも時代は確実に変わっていますから、世にも不思議な現象はこれから次から次へと起こり、やがてそれは当たり前のこととなります。

1つだけハッキリしていることがあります。

これからしばらく人類はとても難しい局面を迎えます。おそらく人類史にも例を見ないほどの困難が待っています。それは、災害、経済崩壊、戦争、病疫などの形で人類を襲い続けるでしょう。

でも心配ありません。全て気のせいですから。

しかもこの大難の後には歓喜の世界が必ず待っています。実はそれも気のせいなのです。

「この世」は「あの世」の予行演習ですから。

「この世」は愉しい遊園地。怖い乗り物や、お化け屋敷、お花畑などなどそれぞれに好みのテーマを思いのままに選べばＯＫです。肝心なことはご自身をご機嫌にすること。「この世」はデタラメですが、争うよりみんな仲良くの方がやっぱりイイです。みんなでご機嫌にし合うのが1番です。

お付き合い頂き、ありがとうございます。

ここではエアーハグですが、いつかあなたとハグすることを願っています。

愛を込めて!!

おまけのエピソード《カエルのQ君》

カエルのQ君のことはエピローグでも書いたようにいつか絵本にしたいと願っています。ところが「ラナちゃん本」を書き始めた途端に、Q君のエピソードの全貌を知りたいとの要望を沢山頂いてしまいました。

一応書いてみたのですが、本文中のどこに挿入しても取って付けたような感じでシックリしません。そこで、本としては異例だとは思いますが、エピローグの後に、おまけのエピソードとして付け足しする次第です。

2022年は私にとって不思議なことの連続でした。その中でも、カエルのQ君の話は不思議中の不思議な話です。カエルが嫌いな方々、ごめんなさい。

5月21日の午前7時にこの不思議話は始まります。

朝が弱い私は布団の中でうつらうつらしながら、何か異様な気を感じ取りました。何だろうと薄目で辺りを見回したところ、寝室のドア越しにジッと私を注視するカミさんの姿がありました。これはチョット怖い光景です。しかも朝っぱらから。カミさんの目が座っていたのが、余計に恐怖を煽ります。

まずい！　前日何かやらかしたか。寝言でまずいことでも言ってしまったか。頭の中がマイナス思考で一杯です。私にとってこの世で何が1番怖いかというと、カミさんが不機嫌でいることに尽きます。カミさんがご機嫌でいてくれさえすれば、全てのことは何があってもＯＫです。例えそれが世界の終わりであっても。

「なに、なに、なに？　どうかしたの？」。恐る恐る尋ねました。

するとカミさん、無表情のまま「カエルが来た」と宣《のたま》いました。

カミさんのお里は金星ということなので、不可解な発言は日常茶飯事なのです。結婚生活も40年続くと大概のことには驚きません。かつて彼女は日本にはまだ富士山より高いビルはないのか、と尋ねたことがあります。この時は、「おお〜、君はどこかで富士山より高いビルを見たことがあるようだけど、最上階の人達はみんな酸素ボンベか何かを肩に背負って仕事しているのかな？」と切り返したら、「そうか、まだ日本には富士山より高いビルはないいんだ！」と来やがりました。

だから「カエルが来た」はカミさんにしてはなかなか面白いことを言うなとは思いましたが、とりあえず呆れ顔だけはしてみました。

「本当なのよ。早く台所に来て！」真顔のままです。

寝ぼけまなこを擦りながら台所まで行くと、なんと流し台でピョンピョンと跳ね回る小さなアマガエルがいるではありませんか。

「な、な、なんでここにアマガエルが？」

「このレタスの中から出てきたのよ」

サラダを作ろうとしてサニーレタスを親指で2つに割ったところ、中からアマガエルが飛び出してきた、というのです。普通のレタスだったら包丁を入れるところでした。レタスが入っていたビニール袋には群馬県産の文字が印字されています。

ここからはあくまでも推測ですが、まず間違いないでしょう。

群馬県の嬬恋辺りのレタス畑で、アマガエルが暑さしのぎか何かでレタスの中で昼寝と洒落込んだのでしょう。すやすやと寝込んでいる間に、件のレタスは他のレタスたちと一緒に収穫されてしまいました。近くの農協に収められた後に、それぞれビニール袋に詰められて出荷の運びとなりました。

アマガエル入りのレタスも、1台のトラックによって関越自動車道をひたすら東京へ東京へと向かったはずです。東京の青果市場に着くと、レタス達は再び仕分けられ、今度は小型トラックか何かで各地のスーパーへと向かいました。その内の1台によって、我が地元中目黒の大型スーパーにカエル入りのレタスは配送されました。そしてスーパーの地下1階の野菜コーナーに陳列されたのです。

そこへ我がカミさんがいそいそと出かけ、厳しい選別を経て手にした物が問題のレタスです。翌朝のサラダにとご丁寧にも冷蔵庫に入れて置いたのです。アマガエルにとってはさぞかし寒かったことでしょう。よく凍え死ななかったものです。

こうして冒頭の朝を迎えました。体長わずかに2センチあまりの可愛いアマガエルです。レタスからアマガエルが飛び出しても、カミさんがびっくりして大声を上げなかったのも不思議です。もしかしたら、この時カミさんは何かを既に感じていたのかも知れません。顔つきがラナちゃんに似ていましたから。

さて、このカエルをどうする？

初めに思いついたのは、近くの公園にある池に放すことでした。しかし、我が目黒区内ではカエルといえば外来種ばかりで、そこへアマガエルを放してしまったらと、おぞましい想像が広がるばかりでした。

待て待て待て、カエルだぞ。
我にカエル
ひっくりカエル
世の中をカエル
黄泉ガエル
考ガエル
などなど、いっぱいあるぞ。このアマガエルは訳ありかも。

そこで広く意見を求めるために、フェイスブックに写真とともに記事を投稿してみました。すると驚いたことに、たかがカエル1匹の投稿に800以上の「いいね」と100以上のコメントを頂いてしまったのです。

その多くが、このカエルは何かの化身なので、大切に扱うべきだというものでした。曰く、バリ島では神様のお使え、猿田彦の化身、ラナちゃんの生まれ変わり、私自身の過去生、宇宙からの使者、などなど。

とにかく、しばらくは我が家でお預かりして、然るべくタイミングで群馬の故郷にお帰りいただくという筋書きとしました。驚いたことに、プラスティック容器を入手して、土を敷きしめ苔や草を織り交ぜて隠れ家を作ったのは全てカミさんでした。

最大の問題はエサでした。生のコオロギがベストということは知っていましたが、これが結構な値段がすること、コオロギを生かしておかねばならないことなどで、面倒臭そうでした。然らばということで、翌日から目黒川沿いでエサになりそうな虫確保に奔走しました。最近は殺虫剤をやたらと噴霧しているせいか、手頃な虫がなかなか見つかりません。わずかに蟻を数匹ケースに入れてみましたが、一向に食べる気配がありません。

その内にネットで手に入るミルワームなるものがエサとして良いと聞き及び、早速注文しました。要するに釣り用のエサのようなもので、これを食してくれれば御の字でしたが、そう簡単には行きませんでした。

最初の食餌は3日後のことです。カミさんが見ている隙にパクリとやってくれたそうです。これは嬉しかったです。この頃にはフェイスブックフレンドの勧めもあって名前をQ君としました。時節柄、ちょっと意味深な名前です。

それからは毎日Q君との睨めっこが続きました。何か言いたそうな雰囲気が伝わってくるのですが、メッセージを上手くキャッチできません。時々、お宇宙からのラナちゃんの伝言と混線状態が生じたりしました。

エサを活発に食べるようになってしばらくすると、遂にQ君が鳴き始めてくれました。環境に慣れてくれた証です。初めての咆哮《ほうこう》は真夜中でした。あまりのけたたましさに飛び起きてしまいました。この時初めてアマガエルの鳴き声を知りました。結構迫力あります。アマガエルはオスしか鳴かないと言われているので、名前をQ君にして正解でした。

すると、Q君のことを聞き及んだ不思議議系の若者が現れました。彼は高次元の存在といつも繋がっています。私に春分前に香取神宮に行くように強く勧めた張本人です。そのおかげで、私はその時にとても必要だったメッセージを香取神宮の奥宮で受け取ることができました。

その彼が今度は鹿島神宮へ行けと言うのです。素直にその言葉に従い、Q君が現れた5日後に私は鹿島神宮に向かいました。

鹿島神宮の大鳥居から本殿までは約300メートル。その間にさざれ石が祀られていて、その横には鹿島の守り神たる鹿が10数頭放たれている鹿園があります。私はまずそのさざれ石にお参りしようと、手を合わせた瞬間に鹿園の方角からカエルの大合唱が始まりました。紛れもなくアマガエル達でしたが、Q君の声を聴いていなかったら他のカエルと思ったことでしょう。ものすごい声でしたが、私には確実に「始めろ、始めろ、始めろ」の輪唱のように聴こえてしまいました。

さては今日のメッセージは「始めろ」かな？

一方神宮本殿では何が待っているのか、興味深々とばかりに本殿へと歩を進めました。その間にも私の頭の中では「始めろ」の大合唱が鳴り響いています。不思議なことですが、その後私が境内を散策した約1時間、アマガエルが再び鳴くことはありませんでした。

本殿に着くと待っていたのは、25年前に私の元に現れた不思議な「声」そっくりの太い笑いでした。

「はっははは〜っ、どうだ、わしの企画を愉しんでおるか? まあ、今日のお前へのメッセージもこっちのカエルたちから聴いておろうが」

「はい、受け取りました。『始めろ』ですね。Q君からもそう言われているような気はしていました」

「まあ、そういうことじゃな。せっかく来たのだから、ここから200メートル先の要石《かなめいし》を見てくるが良い。ちょっとびっくりすることが待っているぞ。ほっほほ」

なんだか良く分からないまま、要石を見に行くことにしました。要石は大地震を引き起こす大鯰《おおなまず》の首根っこを地中深く押さえつけているそうです。その巨石の先端が地面から飛び出しているものです。付近を地震から守っている存在と言われています。

要石が祀られている場所に到着しても別段驚くことは感じませんでした。なんの変哲もない石が地上わずか現れているだけです。何やら立て看板が立っているので、写真に収めておきました。

その看板には小林一茶の句が認められていました。

「大地震（おおなみ）にびくともせぬや松の花」と刻まれています。

そしてその後にこの句が読まれた日付が記してありました。

文化14年5月26日と。

もちろん旧暦ではありますが、なんと私は２０５年の時空を超えて同月同日に小林一茶が立った同じ場所に立っていたのでした。実に１／３６５の確率です。一茶の有名な句に

「やせ蛙負けるな一茶これにあり」

この時の蛙はヒキガエルらしいのですが、カエルには繋がりました。

不思議話はなおも続きます。

要石に別れを告げ、本殿にちょっとだけお別れの言葉を投げかけ、鳥居に向かって歩き始めました。再び鹿園の前を通った時もアマガエルは鳴きませんでした。ふと振り向いて何気なく本殿方向を眺めると、奇妙なことに気がつきました。風が全くなかったのですが、1本の巨木の枝だけがゆらゆらと揺れているのが見えました。他の木々は全く揺れていません。その姿が、まるで私に手招きをしているようでした。思わずその巨木に近付くとおあつらえ向きのようなベンチがあったのです。

しばらくベンチに腰掛け、境内の空気をいっぱい吸うことと洒落込みました。するとなんということでしょう。その木が突然私に話しかけてきたのです。本殿とは全く違う優しい女性の声です。もしかして待望の瀬織津姫《せおりつひめ》？

「本殿もお茶目なことするわよね。まさかカエルを遣わすとはね。でも今日のメッセージは『始めろ』なのは間違いないわね。分かっているでしょアナタには、その意味が。ついでに言うとあのカエルはアナタ自身よ。アナタが可愛がっていたワンちゃんに似ているけれど、あれはアナタよ。思い当たるでしょ。うふふ」

そうでした！『スピリチュアル系国連職員、吼える！』（たま出版）の中で私は2億年前にアマガエルをやっていたという記述があるんです。そうか〜。Q君は2億年前の時空を超えて私に何かを伝えに来てくれたんだ。そう思うとQ君が余計に愛おしく見えてきます。

それからは不思議系の方々が次から次へと現れてくれました。そして6月14日には我が地元中目黒で「在地球宇宙人」集会を開催してしまいました。コロナ全盛期にも関わらず113名の参加者を頂きました。その冒頭、私はなんとQ君の話を30分もしてしまったのです。

そしてその1週間後の6月21日の夏至の日、Q君は忽然と姿を消しました。

実はそれ以前にQ君は2回ケースから脱走しています。1度目はキャビンの上の小さな植木鉢の中に隠れていました。これがまるでかくれんぼしているが如くだったのです。私が見つけた時「あは～っ、見つかっちゃったね」とはっきり言いましたから。ケースには蓋が付いていましたから、それを突き破るのは相当な力のはずです。カミさんは「そんなことはあり得ない」と言い張ったほどです。

2度目はなかなか見つかりませんでした。リビングにいる気配がなかったので、廊下に出てみました。私にはQ君の息遣いをはっきりと感じ取ることができましたが、姿を見つけることができません。「Q君、どこにいるんだ？」反応なしが数分続いた後、私の目線をよぎる飛行物体がありました。「僕はまだここにいるよ」とばかりに壁から壁の約1・5mを飛んだのです。小さなアマガエルにとっては相当な距離感のはずです。本当にお茶目な仔です。

そして、3度目は全くQ君の気配を感じませんでした。この家にはもういない。でもどうやってケースから抜け出たのだろうか。2度の脱走に懲りたカミさんは蓋の上に重石を置いていたのです。いくら力持ちといってもあれを突き破ることはあり得ません。しかも蓋はちゃんと閉まったままでした。

カエルのＱ君

多分カミさんはケースの中で息絶えたＱ君を想像したのでしょう。ケースの中身をしっかりと確認するよう頼まれました。私も白骨化したＱ君は見たくはなかったですが、言われるままに中のものを全部テーブルの上に出して、土は指で粉砕しました。Ｑ君は中で死んではいませんでした。

我が家へ来た経緯が大分変わっていましたから、忽然と消えた方が似合っています。恐らく瞬間移動で、帰った先もきっとラナちゃんのいるお宇宙のような気がします。それの方がファンタジーとしても面白いです。結局のところ、Ｑ君は何かのお使えか、化身かは諸説あって分かりませんが、メッセージは始める、跳ぶ、で一致しているようです。

アマガエルのQ君、今となっては君の存在も気のせいだったような気もしますが、私の心の中ではいつまでも生き続けています。ラナちゃんのように。

参考文献

長尾 弘『真理を求める愚か者の独り言』たま出版　1998年
長谷川 ひろ子『生死（いきたひ）　生前四九日』アートヴィレッジ 2017年
秋山 佳胤『誰とも争わない生き方　人生にも魂にも善悪はない』PHP研究所　2013年
池川 明『ママのおなかをえらんだわけは・・・。』二見書房　2010年
濁川 孝志『大学教授が語る霊性の真実　　魂の次元上昇を求めて』でくのぼう出版　2019年
竹本 良『宇宙人革命』青林堂　2021年
玉依 真乙『存在力　スピリチュアルボディが最強の運と魅力を創る』みらいパブリッシング　2021年
山寺 雄二、Majo、木内 鶴彦『異星人と縄文人と阿久遺跡』ヒカルランド　2020年
矢作 直樹『人は死なない　ある臨床医による摂理と霊性をめぐる思考』パジリコ　2011年
池田 香代子『世界がもし100人の村だったら』マガジンハウス　2008年
石橋 マリア、石橋 与志男『神々より日本人へ』東京ニュース通信社 2022年

【著者プロフィール】
萩原孝一（はぎわらこういち）
スピリチュアル系元国連職員＆在地球宇宙人
2012年、27年在籍した国際連合を定年退職。
国連では途上国の産業開発支援を担当し、アフリカ各地に技術移転や投資促進事業でユニークな成果を残す。
47歳の時に不思議体験を通じてスピリチュアルに目覚める。その結果、「闘う男」から「愉しむ人」へと大変革を遂げる。現在「在地球宇宙人」として人類の恒久平和を目指す国際秩序を作るため、全国各地で講演活動を行っている。著書に『定年後ヒーロー』（みらいパブリッシング）、『な～んだ、君も在地球宇宙人か！』（ヒカルランド）ほか。

この犬から人生の大切なことは全て学んでいる

令和5年8月26日　初版発行

著　者　萩原孝一
発行人　蟹江幹彦
発行所　株式会社　青林堂
〒150-0002　東京都渋谷区渋谷 3-7-6
電話　03-5468-7769
装　幀　（有）アニー
印刷所　中央精版印刷株式会社

Printed in Japan

ISBN978-4-7926-0749-4